史學研究法講義

王德昭 著

史學研究法講義

周佳榮
整理

商務印書館

責任編輯：胡瑞倩

裝幀設計：張　毅

排　　版：肖　霞

責任校對：趙會明

印　　務：龍寶祺

史學研究法講義

作　　者：王德昭

整　　理：周佳榮

出　　版：商務印書館 (香港) 有限公司

　　　　　香港筲箕灣耀興道 3 號東滙廣場 8 樓

　　　　　http://www.commercialpress.com.hk

發　　行：香港聯合書刊物流有限公司

　　　　　香港新界荃灣德士古道 220-248 號荃灣工業中心 16 樓

印　　刷：寶華數碼印刷有限公司

　　　　　香港柴灣吉勝街勝景工業大廈 4 樓 A 室

版　　次：2023 年 9 月第 1 版第 1 次印刷

　　　　　© 2023 商務印書館 (香港) 有限公司

　　　　　ISBN 978 962 07 0626 4

　　　　　Printed in Hong Kong

　　　　　版權所有　不得翻印

本書提要

　　本書根據王德昭教授的"史學方法論"講稿整理而成，內容共分七章，包括：史學與史學方法，史料的蒐集，史料的本身鑒定和內容鑒定，史料的解釋，史事的綜合和表達—歷史著作，對研究歷史的方法和撰寫史學論著的細節作了系統而詳細地說明，是不可多得的講義。

目 錄

第一章

史學與史學方法

第一節　史與史學

一、澄清若干與史學有關的觀念

　　首先要澄清在史學工作中最根本的一項觀念，便是"史"的觀念，或者說"甚麼是史？"

　　"史"或者"history"這個字，無論在中國或西方，都用來表示兩重以上的意義；易言之，不只表示一重意義。

　　我們先看中國文字中對於"史"這個字的應用。在中國文字中，可查考的"史"字的最早的應用，是指一種有特殊職守的人。《說文解字》："史，記事者也，從右，持中。中，正也。"（第三篇下）史是記事之官，而有一種道德的意義。清初學者江永則解釋從右持中之"中"為官府簿書，所以說"掌文書者謂之史"。（《周禮疑義舉要》）這是從單純的記事的職守上解釋。晚清的金文大家吳大澂反對從右持中之"中"，他說："史，記事者，象手執簡形，……'中'當作 𠁥，即 𠕋 之省形，𠕋 為簡冊本字，持中即執簡冊之象也。"（《說文古籀補》）民國時期的歷史學者朱希祖反對《說文解字》對於"中"的解釋，而主張"史"為掌文書之人。近人勞榦更從殷墟出土的甲骨，卜兆用鑽，而主張"史字是從右持鑽"，鑽是弓鑽，作 𠦪 形。（見〈史字的結構及史官的原始職務〉，《大陸雜誌》第十四卷第三期）但無論我們取哪一說，"史"都是指一種有特殊職守之人，這職守或是記事，或是占卜，都需要知識和經驗。

其次"史"字在應用上所表示的另一重意義，比上面所說的第一重意義晚出，不再指一種有特殊職守的人，而用來指這種職守本身，就是記事。孔子說："吾猶及史之闕文也。"（《論語》十五）《史記》〈太史公自序〉："自獲麟以來，四百餘歲，而諸侯相兼，史記放絕。"其中的"史"字都表示"記事"或"記事之書"之義。

但在後世，"史"字是被用來表示第三重意義。隨便舉一個例子：章炳麟《訄書》說："今日治史，不專賴域中典籍，凡皇古異聞，種界實跡，見於洪積石層，足以補舊史所不逮者，外人言支那事，對一二稱道之，雖謂之古史，無過也。"（《哀清史》第五十九〈附中國通史略例〉）所謂"治史"之"史"字，與"典籍""舊史"對稱，顯然不再是指"記事"或"記事之書"，而成了記事之事，亦即記載的對象，研究的對象。

二、歷史記載與歷史事實

上面所說的"史"字的第二重意義，就是"歷史記載"的意思；第三重意義，就是"歷史事實"的意思。第一重意義擱置不論，我們看到同一個"史"字，在日常應用時，把它當作歷史記載的意義用，也把它當作歷史事實的意義用，幾乎不加區別。譬如，我們說"中國歷史"，既可以當作過去曾經發生的事跡來了解，也可以當作記載這些事跡的書來了解，當作一部中國歷史書籍來了解。

中文的"史"字的意義的分歧與混淆如此，西方的"history"一字亦然。拉丁文的"historia"，法文的"histoire"和英文

的 "history"，都源自希臘語，其原義是探究，自從希羅多德（Herodotus）敍述波希戰爭和希臘歷史的著作被稱為 History 以來，這個字開始用來表示歷史記載或歷史敍述的意義。由此而更被引伸來指歷史記載和敍述的對象；易言之，來指歷史事實。（這也是比較近代之事，而且可能是被錯誤應用的結果。）在今天，history 的通用的意義也是或指歷史事實的記載和敍述（history as record or statement），或指歷史事實本身（history as past actuality），是雙重的。當我們說 history of England 時，它可以表示一冊英國歷史書籍，也可以表示英國過去的歷史本身。

三、歷史記載不是歷史事實

　　但是歷史記載不是歷史事實。"史"字所通用的這兩重意義混淆不清，在觀念上可能造成的一個嚴重的不幸的結果，便是輕易地把歷史的記載相信為歷史的事實。一般人真是這樣相信的，舊時代的絕大多數史家也是這樣相信的。歷史記載不過是歷史事實的記錄，而記錄並非事實本身。

　　所以作為一個歷史學者，我們在觀念上首先需要澄清的，便是嚴格區別"史"字所通用的這兩重意義：歷史記載與歷史事實。歷史研究和自然科學的研究在很多方面不同，但在一點上兩者是一致的，那便是它們都有一個客觀的對象。歷史研究的客觀對象，便是歷史事實，只是歷史事實一旦發生，便過去了，不再重現，不像自然科學的現象可以重復加以觀察。過去了的歷史事實，是因為它們留存於世間的遺跡而為我們所知。歷史事實的遺跡，稱為史料；而史料之中重要的部分是文字史料，是文字記載的史料。文字史料有種種形式，可以是卜辭銘文，可以是文書簿籍，可以是簡單的事實記載，也可以是歷史著作。用章學誠"六經皆史"的說法，《易》《詩》《書》《禮》《樂》《春秋》儘管形式各殊，都是歷史記載。

一個歷史學者的工作，或者說史學的工作，就是要從史料，主要是文字史料，也就是歷史記載之中，來獲得有關歷史事實的知識，它的真相（actuality）。如果他從事著作，那是他再用文字的形式，來表達他所獲得的對於某項歷史事實的知識，產生對於這一歷史事實的新的記載或敍述。即使有的歷史學者，如 Cantor 和 Schnirder，不承認有純粹客觀的歷史事實，一件事實，一旦發生，被從千百件事實之中承認是歷史事實，有歷史性的事實，乃至加以記載，其中必然已加入了主觀的成分，主觀的認識和選擇。但這種情形，不僅不能作為把歷史記載和歷史事實混為一談的理由，而且使兩者的區別更加必要。因為一個記事者所認為重要的、真實的，不一定真是重要的、真實的。我們需要用我們的標準和原則，來確定我們所能相信的重要性和真實性。只有我們能明確認識歷史記載並非歷史事實本身，我們才能了解史學研究工作的重要，了解何以在我們的工作之中，我們需要不憚其煩地去克服重重的困難。

四、史的界說

在認識了歷史記載和歷史事實的分際之後，我們就可以討論到史的界說本身：如就以歷史指過去的事實，不加限制，則在全宇宙之中，大至天體，包括地球，小至草木蟲魚，無不各有自己的歷史，歷史的範圍將漫無邊際。事實是天文學家、地質學家、生物學家等等，也確實都是研究宇宙各部分變化生成的歷史。至於歷史學者的歷史，有它的範圍，這範圍主要是本於兩個條件加以劃定：其一屬於過去人類行為的歷史；其二屬於人以他的社會行為，也就是與多數人有關的行為所造成的歷史。這種行為，因為它們之間的因果關係的存在，而有它們的連續性（Continuity）和相關性（relationship）；反之，一個人如果他的行為與人群無關，純粹是私人的行為，沒有社會性，這種行為還是不屬於歷史學者所謂的歷史的範圍。

從史的界說，我們可以得到史學的界說：甚麼是史學？雖然不同的歷史學家曾經以不同的文字為史學作定義，大體伯倫漢（Ernest Bernheim）所作的定義仍是一個有效的定義。他說："史學是就有關人類演化的事實，視人為社會的動物，對於其行為，作因果的研究和敍述。"有的歷史學家如 Marc Bloch 和 V.H. Galbraith，更索性稱史學為有關在時間的過程之中的人類的科學（the science of men in time）。不過就是這樣一個簡單的定義，也含有演化的意義（時間）、群體的意義（人類）、因果的研究與敍述的意義（科學），而其工作的性質與目的，是通過對史料的應用，求更多知道歷史事實的真相，使歷史記載更接近歷史的事實。

至於史學方法，則是實際從事史學研究工作者，提出在一般情形下，其應經歷之步驟，在每一步驟可能遭遇的困難與必須解決的問題，並建議解決困難和問題之道，以期儘可能達到史學的目的。

第二節　歷史知識的客觀性與主觀性

一、客觀性

歷史研究與自然科學研究是有異同的。

1. 相異的方面：

（1）所研究和所要認識的主要是具體的、個別的事實（the unique），而不是普遍的、抽象的原理、公式或理則。

（2）因此，歷史事實只出現一次，不能反覆觀察，不能再現（reproduce）。

（3）研究所依靠的材料主要是間接的，不是直接的；是史料，不是生物學家的兔子。

2. 相同的方面：

（1）各有一客觀的研究的對象，目的都是求發現和認識對象的真實（the truth）。

（2）歷史知識同樣也要求概括，要求對於歷史現象的一般性的認識。

歷史研究的客觀的對象是過去的真相（past actuality）；它的遺跡，亦即史料，證明它曾經發生；通過史料，歷史學者獲得有關的歷史事實的知識。

因此，我們說，歷史知識有其客觀性（objectivity）。

二、主觀性

歷史知識也必然有其主觀性（subjectivity）。哈佛大學的 Morton White 分歷史知識的性質為兩類：一類為編年史（chronicle）式的，最簡單的記事，如 George Washington 為美國首任總統，John Adam 為第二任等；一類為歷史（history）式的，意指進一步的史事的綜合，就必須經過選擇（取材）、組織、解釋等工作，歷史學者的主觀的思想和意願就將發生作用。（參看 E. H. Carr, *What is History*, Ch.1 "The Historian and His Fact"） 據 Morton White 的說法，歷史知識除了最簡單的記事以外，必然有其主觀性，即歷史學者的主觀的成分。

其實簡單記事，編年史式的，亦有主觀的成分，如《春秋》之有書法褒貶，即是一例。又如《漢書》〈司馬遷傳〉讚引班彪語："其是非頗謬於聖人，論大道則先黃老而後六經，序游俠則退處士而進奸雄，述貨殖則崇勢利而羞貧窮。"

三、客觀上成立的可能

客觀知識的成立有其應具的法則，歷史知識而能符合此種法則者，則歷史知識有在客觀上成立的可能。

1. Law of Evidence：

證據與謬據之符合一致（concurrence）。

2. Law of Moral Certainly：

我們相信人，相信前人對於史事的記載，就因為：第一、凡人於可能的情形下，於對己無害的情形下，總願意知道事情的真相；第二、凡人於無特殊目的或於己無所企圖的情形下，不致說謊。

至於反面，因為我們知人之常情，有所戒備，如父子、兄弟、夫婦、朋友的關係。孔子說："吾黨之直者異於是，父為子隱，子為父隱。"（《論語》〈子路〉）也知人情之常，一般的心理傾向如好誇張，為自己辯護等等。

3. Law of Physical Certainly：

天文的、氣象的、地理的、物理的、化學的、生物的、心理的、生理的等。《荀子》："天行者常，不為堯存，不為桀亡。"合乎自然規則的，雖不足證明，與之相反者必不可信。

4. Law of Metaphysical Certainly：

（1）The Principle of Contradiction：

凡事不能是此又是彼，如一項歷史知識的建立，無其他的證據作相反之證明者，則我們相信。"凡物不能同時存在，又不存在。"

（2）The Principle of Sufficient Reason：

"凡事之發生，凡事之所以如是，必有其充分的理由。"要有客觀的理由以解釋某事之所以發生，之所以如此者，則此項歷史知識有其在客觀上成立的可能。

四、主觀上成立的可能

1. 個人心智的認知的能力（capacity for truth），如謂材料只是間接的、不完全的，歷史學者必須運用其想象以使史事產生可認知的形象，但歷史學家於此所用之類推法（analogy），不僅必需，而且為有效之認知之途徑。考古、人類學、刑事偵查之收集證據，都只能從部分的間接的證據，求建立事實的真相的全貌。

2. 選擇（取材）與組織為認知的必須的途徑，不必妨礙事實真相的表達。

Charles A. Beard 及 Benedetto Croce 論"Historical relativism"：Relativism 從對於十九世紀的一種史學信念的反動產生，這種信念主張歷史的理想的目的，是要表達歷史的全部事實（whole truth）。Relativists 認為表達歷史的全部事實是不可能之事。首先，歷史學者只能使用他能夠使用到的材料，因此對於有關的史事，他使用的材料可能不足。其次，他所能夠使用到的材料，在為史事作進一步的綜合時，或因組織的考慮，或因篇幅的限制，必然不能全部使用，因此就有取材的問題。而對於同一史事所有的同樣的材料，可以作多種不同的取材，甲捨此取彼，乙可能捨彼取此，決定於不同的歷史學者的不同的標準，譬如說價值觀念、著作計劃、著作宗旨等。第三，組織亦然。因此 Relativists 主張，達到歷史的理想的目的既不可能，則歷史學者唯有擱置理想的目的，本於他自己的價值觀念、著作宗旨和計劃，他的興趣和他所願望解決的問題，來選擇他的材料，來表達史事。Morton White 說，歷史學者有主觀成見，不是不能有一種不涉主觀成見的選擇材料的標準的理由，歷史學者雖不能表達史事的全部事實，至少他可以表達史事的最具代表性的部分，易言之，他的選擇仍可以用是否符合理想的目的這個標準作取捨，表達史事的真相，不越出證據的範圍，不隱瞞重要的證據，與良好統計的取樣相若。

3. 對於史事的解釋或假設，可藉證據的檢查，以判斷其有效性。

Sidney Hook：歷史學者於從事解釋歷史時，可能已有了先入的思想觀念或感情，但這並不妨礙他以嚴格的檢查，來產生不涉主觀成見的解釋或假設，正如一個醫生，他滿懷婆心要使病人脫除疾病的苦海，但並不妨礙他發現疾病的真相。Pasteur 有一項主觀的成見，他相信神恩無限，神降一種懲罰、一種疾病給世間，決不可能不賜給世人一種解救之法，但這並不妨礙他去嚴格地進行他的實驗。（反之，如相信歷史學者的解釋或假設，必然涉有主觀的成見，或如 Beard 所說的 faith，則有使歪曲歷史理由化的可能。）一個十分淺顯的例子：中世歐洲的歷史學家說，歷史是顯示神的計劃的一個夢。他們這樣解釋歷史，是因為他們有他們的神學的和道德的宗旨，但我們今日讀他們的著作，並不就因此接受他們的解釋，不加保留；易言之，他們並不因為他們的宗旨，可以在被相信以前，免於批評和檢查。

4. 歷史學者的自律：我們可以要求他主觀上守客觀的繩墨。

（1）不必完全沒有成見或偏見（種族的、政治的、宗教的等等）。但我們可以要求他自律，勿使凡此影響他的判斷，至於超出證據的範圍，歪曲對於人與事的評價。

（2）不必完全沒有愛憎（對人、對事、對一種制度或主義）。適度的感情，如同情，對於考察一位人物或事件，可以幫助了解、增加透視。在求保持客觀的繩墨上，可以作同上的要求。反之，沒有節度的愛憎，由於容易為讀者發覺，因此也容易喪失效力。

綜上二者，要求歷史學者守客觀的繩墨者：其一、公正，正當地了解事實；二、忠實，如所知的表達史事，在證據所允許的範圍內，不要隱瞞證據。此兩者都是做得到的。

(3) 我們還可要求歷史學者把他的好惡愛憎告訴人，則他即使有偏見或偏好，因為已經表明，讀者一目了然，在接受他所供給的知識時，心理上有所戒備。

牛津大學的華爾煦（W. H. Walsh）論 "歷史能客觀嗎？"（*Can History be Objective?*），主要就是從歷史學者的主觀的方面討論。他認為造成歷史學者間意見參差，亦即給予歷史的表達參差的，主要是四種因素：其一、個人的愛憎；其二、偏見（國家的、種族的、社會階級的、宗教的，等等）；其三、史觀的不同（神學的、政治的、經濟的、多元的，等等）；其四、宇宙觀與道德觀的不同。他討論克服這些主觀因素的影響之道，譬如有關史觀的（亦即有關於歷史解釋的），他說我們在這裏所謂的困難，想象的多於實在的，因為任何一種史觀，或者本於這種史觀對歷史所作的解釋，它要得人承認，首先它就必須有堅強的實證的根據，從對於歷史變化的客觀的事實作詳密的研究之後獲得，如果不同的歷史學說所說不同，這就因為它仍未能達到歷史的理想的目的——全部事實（the whole truth）。它們可能各自得到了部分的事實，但只是部分的，可能都還只是假定，但無論如何它仍是有效的假定，至少具有部分的事實的價值。譬如一個歷史學者，他可以不是唯物主義者，他可以反對唯物主義，但對於唯物主義表彰人類歷史之中的經濟因素的重要，則不能不承認，從而也不能不承認唯物主義在歷史解釋上的部分的價值。華爾煦（Walsh）雖以一個哲學家，認為第四點——歷史學者的道德觀和宇宙觀不同——是根本的困難所在，但他同樣相信一種綜合的或整合的（integrated）觀點是可能的。

以上所述，從歷史學者的認識的能力，從他們為史事取材、組織以及解釋的討論，以見正確的歷史知識，在主觀上成立的可能。

最後，我們還可以求之於歷史學者的自律，此即主觀上守客觀的繩墨。至於在實際工作上需要循的途徑，用的方法，是方法論上的事。

五、結論

堅定的信念，正確的歷史知識成立的可能。

如果說我們看見過去歷史知識不是處處確切不移，常有修正乃至改變，因此就懷疑正確的歷史知識成立的可能，這是因為我們首先就沒有正確了解知識的意義。伯倫漢（E. Bernheim）說，無論何種科學，有確定不移的知識，也有或然的和假定的結果，如果要堅持只有確切不移的知識才是真知識，則任何科學都將無正確性可言，不只歷史；不僅如此，知識一旦成為絕對的權威，將使知識再無進步的可能，知識成為獨斷。

因此，"全部事實"是理想，歷史學者奉獻（dedicated）在這一理想，但對於自身所獲得的成就，則必須謙遜，一則這是學者應有的氣度，《莊子》〈養生主〉："吾生也有涯，而知也無涯。"不能以我的知為已盡其所有的知。再則知識之進向最後的真實，其間可能有一大段距離，歷史學者盡其最善的努力，以求接近於真實，但不能希望一步就達於最後的真實。也因此，一個歷史學者固然應該有堅定之信念，相信正確的歷史知識成立的可能，但如果以個人有限的知識、有限的一得之見來傲人，那又如《莊子》〈秋水篇〉所謂"夏蟲不可以語於冰"了，徒見其淺近小智而已。

第三節　史家的"四長"

　　中國學者所謂的史家之"長"，有如西方歷史學家論 the historians' virtues，不是指某種性格或天賦，而是如 Barzun 所說 "are capable of development by exercise and self-control"。

一、中國學者論史家之長

　　1. 劉知幾：

　　劉知幾答禮部尚書鄭惟忠問：自古文士多，史才少，何故？對曰："史有三長：才、學、識，世罕兼之，故史者少。夫有學無才，猶愚賈操金，不能殖貨；有才無學，猶巧匠無楩柟斧斤，弗能成室。善惡必書，使驕君賊臣知懼，此為無可加者。"（《新唐書》卷一三二，列傳五十七）或載："史才須有三長，世無其人，故史才少也，三長謂才也、學也、識也，夫有學而無才，亦猶有良田百頃，黃金滿籯，而使愚者營生，終不能致於貨殖者矣。如有才而無學，亦猶思兼匠石，巧若公輸，而家無楩柟斧斤，終不果成其宮室者矣。猶須好是正直，善惡必書，使驕主賊臣因以知懼，此則為虎傅翼，善無可加，所向無敵者矣。"（《舊唐書》卷一〇二，列傳五十二）

2. 曾鞏：

曾鞏《南齊書》〈序〉："古之所謂良史者，其明必足以周萬事之理，其道必足以適天下之用，其智必足以通難知之意，其文必足以發難顯之情，然後其任可得而稱也。"反之，"則或失其意，或亂其實，或析理之不通，或設辭之不善"。

3. 章學誠：

章學誠《史德》："才學識三者，得一不易，而兼三尤難……史所貴者義也，而所具者事也，所憑者文也……非識無以斷其義，非才無以善其文，非學無以練其事，……能具史識者，必知史德。德者何？謂著書者之心術也。"

二、西方學者論史學之長（Historians' virtues）

1. Garraghan：

(1) Zeal for the Truth：

求真的熱誠，亦即以真誠與坦白陳述事實之心。"隱瞞事實就是為偽張目"。因此歷史學者永久不可以不正當地誇張或隱瞞事實，他必須顧到事實的全部證據，必須不超越證據，這是"德"。

(2) Critical Sense：

鑒別力，亦即健全的判斷。這是一種能力，一種養成的習慣，隨時隨地辨別真與偽，重要的與不重要的；反之，缺乏鑒別力，則一個極端是流於輕信，不辨本末，守傳統的繩墨，視批評為危途。缺乏鑒別力的另一極端是 hypercriticism，包括吹毛求疵，標新立異，好作驚人之論，和為推翻舊說而推翻舊說。這是"識"。

（3）Objectivity：

客觀性。Garraghan 自己說，與 zeal for the truth 是史學的同一理想的不同的方面，所以也是"德"。Objectivity 亦即 impartiality，歷史學者應以一種超然的、不偏頗的態度，完全根據證據進行工作，以求達於 Ranke 所謂 recording a thing "as it really occurred" 的理想。Harius Josephus (d. c. 100 A. D.)，羅馬帝國時代的一個猶太歷史學家，他不滿意非猶太的歷史學者對於猶太人的不公正的態度，他說他決心要嚴格保持客觀。晚近數年的地下發掘證明了他的記載當時事實，真是做到了客觀真實的標準。

（4）Industry：

勤勉。"沒有一種事業比歷史學者的事業要更多的時間、耐性和堅毅了，歷史學者在他的研究工作所需要孜孜從事的，包括在圖書館和檔案處中窮搜博傳，這是"學"。

（5）Concentration：

專心致志。Garraghan 認為由於 Concentration，歷史學者就有敏銳的觀察力，使他對於他所處理的材料達於觸類旁通，左右逢源的境界，這是"識"。

Garraghan 沒有討論到歷史的表達，所以他沒有論到"才"。

2. 巴曾（Jacques Barzun）：

（1）Accuracy：

細心認真，事無巨細，求所知正確，一是一，二是二，但不含道德的意義。這近乎"學"（正確的知識）。

（2）Love of order：

處理材料井井有條，以沉着、耐心與堅忍，持之以恒。這近乎"才"（有條理）。

（3）Logic：

邏輯。有條理為機械的，而邏輯的（logical）為才智的，舉一反三之謂，這近乎"才"。

（4）Honesty：

忠實。在研究工作中，忠實是唯一的政策（the only one policy），歷史研究的目的在發現過去的真實，過去留存於史料（證據）之中，因此史學工作者如不忠實於史料，不忠實於證據，那末就等於自毀了他的工作的目的。這是"德"。

（5）Self-awareness：

自己警覺，不使自己在不知不覺中做了不忠實的事；為求減少自己可能有的偏見的影響，應該使自己的判斷的標準，為讀者知道。這也是"德"。

（6）Imagination：

想象。Barzun 說，真正的想象是願望與理性的巧妙的平衡（an ingenious balancing of wish and reason），因此也就是推想，有根據的、合理的推測。這是"識"。

3. 一項歷史工作成功的條件：

Garraghan 論 "the hallmarks of critical history"，列出以下各點：

（1）Candor：

公正。不有意地枉曲事實，不剽竊他人之說為己有。

（2）Accuracy：

正確。盡力正確表達事實，即令是最小的細節，如一個字，一個人名，一個地名，一個年代，一個數字，一項引證，等等。

（3）Thoroughness：

充分。其一，用盡所有可能用到的和該史事有關的重要的史料；其二，處理該史事所有的重要的方面，獲得有關該史事的所有的重要的知識。

（4）Verifiability：

可證。列舉所有的證據和證據的來源，與讀者以覆按的機會。

上舉一項歷史研究工作成功的基本條件，也是人力所能致。中西學者所論的史家之長，便是一個史學工作者為滿足這些條件，在心智上所應有的準備和訓練。

第四節　史學的輔助學科

　　人類所有的知識，莫不相互關聯，雖然在學問的分科上各自分立，但實際則相輔相成，不能自足。從這一意義來說，凡為學科都可看作史學的輔助學科，中國原有所謂"史外無學"之說（章學誠"六經皆史"之說亦同），則甚至要以史學囊括一切知識。事實上後代許多專門的學科，是從史學分立出去，自立門戶，"史外無學"的時代自然已經過去，知識不僅浩如煙海，而且在以加速度日增月積的今日，歷史學者必須放棄這"史外無學"的雄心，但因為史學研究和其他學科的關係的密切，歷史學者儘可能擴大其知識的周延，還是應該的。對於若干與史學研究最直接有關的學科，也還是應該有需要的知識，知道利用，來求增加研究的效果。

一、文獻學

　　史學研究的工作從處理史料入手，所以我們講史學的輔助學科，也從和處理史料最有關係的學科開始。

　　史學上的劃分史料：

　　第一，文字的與非文字的。

　　第二，有形的與無形的 —— 語言、傳說、口碑、見聞及其陳述，為無形史料；文獻與實物為有形史料。

第三，直接的與間接的 —— 凡直接構成歷史事實的一部分的史料，為直接史料，如語言、風俗、地理環境，一樁史事發生時實際使用的公私文書，和考古學上的遺物與遺跡；凡間接傳達歷史事實的史料，如傳說、文字記載、雕刻和圖書中的人物事跡，為間接史料。

在史料處理上與文獻學最有關係的：

第一，必然是文字史料；

第二，有形史料，因為是文字史料，必然具體而有形，只有與語言有關的方面，一部分屬於無形史料；

第三，可以是直接史料，也可以是間接史料。

文獻學（philology）包括三個部分：

1. 語言文字學（linguistics）：

在中國，從《爾雅》和《說文解字》起，就是一門古老的學問。語言文字學的應用於治史，僅就識古字和讀古文說，已經是一項必要的學問了。遠古的文字，因為不再應用，成了死的文字，沒有語言文字學的研究，無從辨識；便是沿用至今的，也都曾經過形態和意義的變化。中國文字，就形體言，從甲骨、鐘鼎、籀、篆以至後世的楷書，乃至簡筆字，其間變化之大，可以想見。語言、字義、句法的變化也大，中文如此，其他有歷史性的文字也莫不如此。

其次，因為語言文字本身也就是史料，所以從語言文字學的應用之中，也可以獲得歷史知識，例如從語言的傳佈追蹤歷史上民族遷移的情形。在研究中國民族史上，在研究中國和鄰境民族的關係史上，中國語言的分佈便有無比的重要性。不說早期的歷史，便是近二、三十年來，川語的流傳也表達了一樁重大的史事。在西方歷史之中，Semitic 語和印歐語的分佈，現在成了中、小學生的歷史知識，但它們的發現，不僅是語言史和民族史中的大事，也是史學史中的大事，解釋了無比重要的史事。再譬如，西方史家以距今二千五百年前寫定的 Zend 語的祆教經典 *Avesta* 首卷創世記中的地名，和後世中亞的地名相印證，證明伊朗人在古代曾移殖於 Afghanistan 和 Russian Turkestan 一帶地方，可能就是 the Aryans 從伊朗高原經過中亞移殖印度的途中所遺留。相似的方法同樣可應用於研究中國的僑置，《南齊書》〈高帝紀〉："寓居江左者，皆僑置本土，加以南名。"如南兗州（江都）、南徐州（丹德）、南通州，皆是。

第三，語言文字是史料鑒定工作的重要的證人，語言文字學可以幫助語言文字在古文書學中作證，在校勘學中作證，因為古代實物常帶有文字，所以它也可以幫助在考古學中作證。（例如：近人劉節等主張《書經》〈洪範〉為戰國時代的作品，鄭樵定石鼓文為秦篆和後人對於石鼓文年代和研究等，都是。同一甲骨文，董作賓為之作斷代研究。）因為不同時代、不同地域和不同社會，乃至不同作者，所用的字體、詞彙、音韻和文法不同，所以語言文字學便成為鑒定史料的一種重要的幫助。

2. 古文書學（diplomatics）：

在中國，書畫鑒賞的方法，大體就是古文書學的方法，但古文書學之成為一門有系統的學問，則創於西方，是十七世紀法國 St. Maur 修道院的修道士 Jean Mabillon 所奠定的基礎。不同修道團體之間的地位和權力之爭，引起 St. Maur 修道士對於古文書研究的熱忱，Mabillon 根據研究所累積的經驗，撰 *De re diplomatica* 一書，於 1681 年發表，這書正篇六卷：

（1）古文書的種類，材料和書體；

（2）文例、署名、印章、和年月；

（3）對於論者的辯駁；

（4）法國王家朝廷的組織與 charter 下頒的手續；

（5）古書體的標本；和（6）古文書的標本。

Mabillon 此書不僅定了 diplomatica 的名稱，而且也大體規定了古文書學的內容，所以古文書學是根據已有的知識，為不同的古文書訂立了鑒定的標準，而以已知的標準去鑒定更多的古文書。

古文書學對於史學研究的重要：

（1）因為古文書是直接史料，所以本身便是歷史事實的構成的部分，古文書學解讀古文書，直接為歷史事實作證；

（2）古文書因為是直接史料，所以有為歷史記載等間接史料作證的價值；

（3）古文書學為古文書訂立標準，在鑒別古文書時再為古文書作證。鑒定其真偽，其可能產生的年代、地點，及其可能的製作者。中國古文書流傳於後代，而為國內外大量蒐藏的，有漢晉簡牘、帛書、明清檔案、外交檔案及其他官私文書等，晚近各種史料編印的工作，是以古文書作系統的史料的供給；而如以明清檔案證《明實錄》《清實錄》和《清史稿》，則是以古文書為歷史記載等間接的史料作證。

3. 校讎學：

古文書學所處理的為直接史料，而校讎學所處理的為間接史料，屬於著作一類。"校讎"用鄭樵、章學誠的用法，包括目錄、校勘、辨偽，和輯佚之學，關於這四者和史學研究的關係，以後要討論到的機會還多，如討論史料的蒐集，要論到目錄；討論史料的製作、原始鑒定，要論到辨偽；討論史料文字的鑒定，要論到校勘；討論相關史料的鑒定，要論到輯佚。

簡單的說是這樣：語言文字學的修養，幫助我們通讀古籍。但是第一，從來文獻著作浩瀚，我們如何在浩如煙海的書籍之中，尋得適用的資料？第二，從古以來，文獻著作，很多都已散失，或是名見於史志，而世間已無此書。這類已經散佚的文獻著作，如何使它們重見天日，好供學者應用？第三，便是流傳至今的往古的著作，因為屢次經鈔寫翻刻，所以內容常多歧誤，我們如何是正它們的誤脫，使無法通讀的能通讀，使過去誤解的能改正，以恢復古書的真相？第四，往古的文獻著作還有很多偽作，有的偽託虛造，有的竄亂真書，有的抄襲頂替，我們又如何辨別真偽，使偽不足於亂真？因為解決第一個問題，所以有目錄之學；因為解決第二個問題，所以有輯佚之學；因為解決第三個問題，所以有校勘之學；因為解決第四個問題，所以有辨偽之學。四者合而為校讎之學，至於這四者與史學研究的關係的進一步討論，留待以後。

二、考古學

文獻學所處理的為文字史料，而考古學（archaeology）為實物史料。往古遺物，從建築遺址以至於日常用品，從史前時期的遺物以至於有史時期的遺物，從無文字的以至於有文字的，自金石、甲骨，以至於土、木、紙、竹、絲、麻，都屬於考古學處理的範圍。

考古學的工作，一方面是研究古物製作的方法、意匠、樣式和技術，由已知的年代，地域和民族的遺物，鑒定各自的標準，來鑒定更多的古物，另一方面便是以古物證史、述史。

在中國，考古的風氣盛於北宋。哲宗元祐七年（1072 年），呂大臨的《考古圖》告成，據呂大臨自述，他的工作是要：「探其制作之原，以補經傳之闕亡，正諸儒之謬誤。」這正是現代考古學的首要的方針。又三十年，徽宗大觀（1107—1110年）中，規模更大的《宣和博古圖》（王黼等奉敕撰）問世。兩圖產生的年代當在十一、二世紀間，歐洲的文藝復興還需待二、三百年後，可見中國考古之學發達之早。可惜如呂大臨的科學精神，無人繼其後，為之發揚光大，考古學在中國成了風雅之事。清代雖有阮元、吳大澂諸氏以古器物考釋文字，如王國維說，也尚不能出宋人的範圍，要到本世紀前半，西方學者如德日進（Teilhard de Chardin）、高本漢（B. Kalgren）等人再來中國創導科學的考古工作。

以考古學為史學研究之助：

第一，從古文化層堆積的情形，與不同文化層間遺物的比較，以考見史前文化演變與傳播的關係。例如中研院於抗戰前十年間發掘新石器時代遺址：仰韶式文化分佈於秦嶺以北的黃河流域；龍山式文化分佈於黃河下游，南至杭州灣，北至遼東半島。而於安陽小屯近處後岡的一次發掘，發現彩陶（下）、黑陶（中）、與白陶（上）三種文化層於同一地點重疊存在、交會與時期先後。

第二，從發現的古物，以重見一個時代、一個民族的部分生活情形，為已知的歷史記載作證，或供給更多為文字記載所忽略的歷史事實的知識。

甲骨刻文 —— 金屬冶煉的技術。

房礎 —— 宮室建築。石璋如〈殷代地上建築復原之一例〉，《中央研究院院刊》第一輯（慶祝朱家驊先生六十歲論文集）。

陶器 —— 陶土工藝，器皿種類，美術意匠，日常生活狀況（秦始皇陵的泥俑泥馬）。

漢唐明器 —— 日常生活（人物、家畜、家用雜器，娛樂用品）。

第三，從藝術品和藝術意匠的追蹤，以發現、或佐證不同民族之間往古的交通，文化的交流，和民族的移動。

三、年代學

年代學為時間的科學，而歷史有關人類在時間的過程中的科學。

時間（或年代）還是歷史演進的紀程：先後與因果聯繫，反之，事實或史料而不知其發生或產生的時間，將失去其歷史的意義。

第一，歲時計算法：純科學的年代學或曆學。

第二，中外不同年代換算法：比較年代學或比較曆學。

第三，年代學在史學上的應用：歷史年代學或歷史曆學。

三者於實際研究時非有嚴格的分別。

年代學於史學研究上的應用：

第一，考定史料的信偽。梁啟超："某書題某人撰，而書中所載事跡在本人後者，則其書或全偽，或部分偽。"亦可於正面證明某種史料為真者，如以日食證 Chronicles 的記載，如《春秋》：吳緝華〈春秋曆連置兩閏正誤〉（《大陸》九卷五期），以經傳文中的日食記載，證顧棟高："春秋朔閏表的記事錯排六十天。"

第二，以年代學的推算，考定一件事實不能發生的年代。

第三，用年代的比照，使同年共世之事，相形之下更加鮮明。

第四，明史事的因果先後。

第五，不同曆法年月的換算。方便使用的有：陳垣《中西回史日曆》（1926 年，北大研究所國學門）；又《二十史朔閏表》（同上；

董作賓補，1958 年，藝文印書館）。

Rome 自 Julius Caesar 自 Egypt 傳入陽曆，修訂曆法，行 Julian 曆，476 年後教會繼續用 Julian 曆，易言之，該曆繼續行於基督教區域，該曆於 1582 年，根據 Pope Gregorz XIII 之命重加修正，並定一月一日為歲首，於 Oct 5 開始實行，改是日為 Oct 15 稱 Gregorean 曆，Julian Calendar 為 Old Style，Gregorean 為 New Style，時 Reformation 已發生，新舊教已分裂，新教國家與正教國家未即將用新曆，如俄至 Bolshevik 革命後始採用，英於 1752 年。於 old style 下，各國各地計算歲首之日不一致。如英取 March 25 (Annunciation) 為歲首，Elizabeth I，據新曆死於 April 3, 1603；據舊曆死於 March 24,1602。

四、地理學

在中國是一門古老的學問，而且一直是史學的附庸：《尚書》的〈禹貢〉，紀傳體史書的〈河渠書〉〈地理志〉。

歷史兼含時空，故（一）在歷史中必有地理的因素；（二）地理條件為解釋歷史的不可少的因素。

1. 沿革地理或歷史地理：

即歷史中的地理，但過去中國的史志，或獨立的著作如賈耽的《古今郡國四夷述》，多偏重政治的建置 —— 疆域的沿革，都會的興廢，道路的通塞，地區的改變等，但歷史與地理的關係自然不限於政治。J. B. Bury 於 1903 年修訂 E. A. Freeman 的 *The Historical Geography of Europe*，W. G. East 亦謂其內容限於疆域的變化與地名的改易。他的意見認為歷史地理應在發現人類與其地理環境間的關係。

《禹貢半月刊》(抗戰前禹貢學社編刊；一九七〇台復刊)的工作，便要從政治的歷史地理，進而注意到經濟和文化等方面。

歷史中必有時與地的因素：但時 —— 天行有常，不為堯存，不為桀亡；地 —— 地理條件影響歷史，歷史亦可改變地理。

因人事而改變地理，政治是其一。此外，譬如經濟力量：農田水利的開闢，礦山森林的採伐，工藝貿易的振興，或內外交通的發達，都足以改變地理環境。

人事而外，單純的自然力量亦然：風水的侵蝕，河的改道、沖積和淤塞，火山的爆發，地震等。

2. 地理條件之解釋歷史：

自然地理說明氣候，地形，水陸分佈，土壤，自然資源和動植物；人文地理說明政治區域，城鄉位置，交通建設，經濟生活，社會習俗和宗教信仰，二者合而構成歷史的地理背景。

前人以地理條件解釋歷史：顧炎武《天下郡國利病書》，與顧祖禹《讀史方輿紀要》。顧祖禹著書凡例："以古今之方輿，衷之於史"；"以古今之名，質之於方輿"。前者為從歷史述地理，後者為以地理釋歷史。

歷史研究而缺乏地理知識，就歷史知識說是一個缺陷，而就歷史了解說是缺乏一個必需的因素。近代西方，因地理科學的進步，而有歷史地理學派或地緣政治學派（Geopolitics）產生。

故用地理條件解釋歷史應注意者：(1) 歷史中的地理是歷史的一部分，所以地理條件的影響歷史乃因時而異，並非一成不變；(2) 湯恩比（A. J. Toynbee）：地理條件雖影響歷史，然最後之決定者仍在主觀的人自己，而不是外在地理條件。在歷史中，同樣的地理條

件，對於不同的人類社會，可以產生極其不同的影響、"挑戰"與
"反應"。

五、社會科學

1. 社會科學（social sciences）：

Barzun: Anthropology, Economics and Sociology; Psychology,
Psychiatry, and Linguistics; Political Science; and Behavioral
Sciences, are all in one or other sense soical sciences.

據 Barzun 的說法，它們不僅是史學的輔助學科，或有關學科
（sister disciplines），而且是史學的衍生學科（daughter disciplines）。

《史記》中有若干篇幅如〈平準書〉〈貨殖列傳〉述戰國經濟狀
況和社會風尚，但近代社會科學則是一門西洋學問。

2. 西方社會科學的演進：

西方社會科學的興起，是十七、十八世紀科學革命的結果。
十八世紀在歐洲是 the intellectual revolution 時代，因自然科學進
步的影響，學者競以數理科學的正確的和演繹的方法，應用於對於
人和社會的研究，希望能由此發現支配人類行為的根本的法則，如
像數理科學家的發現支配天體的運動的根本法則一樣，John Locke
的 *Associationist Psychology* 和 Montesquieu 在他的 *The Spirit of
Laws* 中所用的環境理論，都是同樣思想下的產物。Associationist
心理學認為人心之不同乃由於各人的環境和經驗不同，人心生來
如白紙，觀念是外鑠的，不同的環境，經過經驗，灌輸人不同的觀
念，觀念的 association 產生思想，由於觀念的 association 不同，
所以思想不同，也就是人心不同，Montesquieu 以氣候與其他物質

環境的因素解釋歷史上不同思想的法律系統和政治理論，（分析到最後，也就是把 Locke 心理學的同一的原理，應用於人群 —— 社會。）（不過在 Montesquieu 的著作中，也已經含有不少以後可以稱為社會學，政治學，和人類學的成分。）

十八世紀中葉，由於生物學研究的進步和資料的增加，已經有一種生物進化的學說產生，從永久不變的自然力的作用，解釋生命進化的歷程。十八、十九世紀之間，Erasmus Darwin（Charles Darwin 的祖父）和 Lamarck 的進化論，以後得於遺傳之說，解釋生物的進化，與心理學的 associationism 和歷史的環境說（Environmentalism），在基本觀念上還是同出一轍，不過這種生物進化學說，或所謂 Theory of Development，尚有另一方面思想上的影響，便是實際否認了基督教的創世之說，抵制歷史研究中的神學的影響。

十八世紀末期，人類學（anthropology）開始興起為一門獨立的學問，日耳曼學者 J. J. Blumenbach 為最早為人類學開山的學者之一，十八世紀前半，Pompeii 等城的遺址的發露，開西方的考古學之風（A. D. 79 Vesuvius 火山爆發所埋）。1789 年，Napoleon Bonaparte 出征埃及，約有一百名科學家隨行，近東的考古研究發現，考古之風大盛。德人 Schliemaur 之於 Troy，英人 Lagurd 之於 Nineveh 和 Babylon，英人 Evans 之於 Crete，英人 Petrie 與 Carter 之於 Egypt，他們的發現，使世人對於近東和地中海世界的歷史的知識，為之改觀。

Political Economy：

十八世紀中，political economy 也開始興起為一門獨立的學問，首先是法國的 physiocrats，在 Quesnay 的領導之下，研究

Mercantilism 的不利的後果，主張一種在他們認為普遍有效的自然的經濟學說，求減少干涉和增加生產，受 Physiocrats 的啟發，Adam Smith 於 1776 年發表他的 *The Wealth of Nations*，Adam Smith 對於歐洲的生產，價格和商業管理，作歷史的考察證明經濟活動，因為分析到最後其基礎為自然，所以愈自由，就愈繁榮。繼 Adam Smith 之後，英國所謂 classical political economists，陸續提出他們所認為的不變的經濟法則，多數藉重數學公式，來表示它們的科學的性質，如 Malthus 的人口法則，Ricardo 的 Iron Law of Wages 等都是。

The historical school of jurists：

十九世紀初期，上世紀的科學研究的成績，加上在 Romanticism 的風氣之下，一種新的考察事物的觀點流行，我們可以稱之為溯源的觀點，於是歷史以及人類生活的各方面又被看作是緩慢的、繼續的、無可避免的變化的結果，例如 the German Savigny 研究法律在民族生活之中的作用；以及法律的演進與民族歷史的關係與英人 Lyell 的研究地球演進的歷史，在精神上無殊，Savigny 建立近代法學，而 Lyell 建立了近代地質學。

語言學 (Linguistics)：

同樣在十九世紀初，語言學興起為一種獨立的學科，這是由於若干近東古語言的解讀和印歐語系的發現的結果，對於古語言和相關語系的研究，使學者注意到語言規則性，由此得出語言發展的基本的法則和公式。與語言學的研究密切相關的有人種學 (ethnology)、人類學、意識形態學、骨相學 (phrenology) 等等。（骨相學以後難登大雅之堂，然與後世的體質人類學不過五十步與百步之差。）體質人類學從生理結構上辨別人種，判斷不同人種距離 apes 的遠近，也就是進化程度的高下，於是而有人種優劣之說，1860—1914 年間盛行，被相傳為確鑿的科學，金科玉律，十九、二十世紀間的新帝國主義運動，也以此為主要的理論基礎之一，"The White Man's Burden" 乃至 Hitler 的大日耳曼主義的種族政策，也拾這種種族學說的餘唾。

社會學 (Sociology)：

十九世紀初年也產生了社會學，Hegel 敍述歷史的進步，解釋人類鬥爭的功用和社會自由與秩序的增進，其決定的因素是精神，也就是思想觀念。Marx 接受 Hegel 所主張的歷史進步的公式，但以物質的因素代替 Hegel 的精神的因素，他們都視社會為一個集體，社會受它自己的歷史的決定，社會也規定它的成員的行為。（法國的 Count Henride Saint-Simon 也把西方社會的歷史看成一種發展）到 Auguste Comte，為社會學成立為一門獨立的學問，Comte 的社會思想稱為 Positivism，他主張，對於人類社會的科學的研究，必須視社會為一個整體，我們現不能把社會分割為孤立的部分，各部分也不應分別作獨立的研究，Comte 認為近代科學知識是實證的，因為近代科學知識避免先入之見，而完全依靠對於現象的直接的觀察，孔德認為以實證的方法用於宇宙各方面的研究，人類發展出了從基礎到高級的一個學問序列，每一門高級的學問都以較低級的學問為基礎，而其周延擴大。譬如說在這個知識序列中，最下層是物理科學，往上是化學和生物學，然後是心理學，這是研究個人的科學，跼其巔峰的是社會學，這是研究社會（人群）的科學，他預言一旦數學能有效應用於社會的研究，社會學便將達於最高的成功，社會學者將能預測和控制社會的發展，以解決人生之謎，Comte 對於社會學的信心，一部分也因為統計學 (statistics)

發達的鼓勵，因為本來雜亂無章的數字一旦經統計的整理，便有顯著的規則性可見，因此表面看來似乎偶然的個人或社會的行為，可能都有一種法則，只是沒有為我們發覺，同時，統計學的發達，也對於社會的研究越來越要求增加對於數字的重視。

在英國，有 Hebert Spencer，也以集體的觀念來研究社會，並為社會的進化建立了整套學說 —— 社會達爾文主義（Social Darwinism）。Buckle 撰 *Introduction to the History of Civilization in England*，主張文明之決定於一定法則，其嚴格，與天文學的法則無殊。Bagehot 在 Charles Darwin 的 *Origin of Species*（1859 年）後十年發表他的 *Physics and Politics*（1869 年），他否認人類自動進化而止於至善的可能，他認為歷史中國家和民族的行為，有如叢林中的野獸的行為，強勝弱敗。

達爾文主義（Darwinism）：

The Origin of Species 於 1859 年問世，使實證主義的社會學得到更有力的支持，這一科學的，實證的社會學說的主要主張是這樣：

（1）人是一種動物，所以和其他動物一樣，是科學研究的適當對象；

（2）人的生活決定於物質的條件，社會由人結合而成，所以社會與自然界一般，服從一般的自然法則，如生存競爭、適者生存、變化、進化等等；

（3）有關社會本身的法則，可以用數字表達，或者說，社會真理唯有用數字表達，乃能成為法則，社會法則；

（4）在未能以數字表達以前，則社會學家，乃至生物進化學家，都只能從事敍述的歷史學的工作。因為一種生物，一種制度，一個民族，或一個種族，都不過是過去演化的結果，所以在未曾發現它們存在的法則以前，我們必須研究它們的起源和發展，這一社會學說解釋人對自然的鬥爭，同時也給予社會內部和不同社會之間的經濟競爭的科學的理由，為十九世紀的資本主義經濟（自由競爭）和新帝國主義運動辯護。

但就從十九世紀後半始，自由經濟和新帝國主義運動盛行的期間，西方的思想開始有新的變化，至同世紀末葉已經明顯；對於實證主義等科學學說的信心減退，對於西方乃至全人類的悲觀主義（Spengler）抬頭和新科學的興起。

（1）對於舊科學學說的信心的減退：

a. 懷疑和批駁舊經濟 "法則" 的有效性，尤其它們被賦予的絕對性（對於人為的因素的重視）；

b. 對於傳統的體質人類學的種族理論的懷疑和批駁，生理學、心理學研究，語言學研究的進步；非歐洲的文明的發現和研究，對於直線生化理論的否認；

c. 對於達爾文進化學說的修正（鬥爭是細胞內部的染色素，合作與道德的控制）；

d. 心理上人本身的因素的重視（情緒，慾望等）。

（2）對於人類前途尤見西方文明的失望：

a. 人類歷史中龐大文化體系的存在；

b. 直線進化的思想；

c. 人類尤其西方文明的危機時代；

d. 所謂科學的認識法則 —— 客觀的、感覺的、唯理的 —— 並非唯一有效的認識法則，尚有直覺的、神情的認識法則。（科學知識中相對的，可變的，特殊的成分增加）

(3) 新科學（相對論、量子論等）與新社會科學：

十九、二十世紀間，社會科學的新趨勢，修正和改變十八、十九世紀的簡易的和機械的態度，可得而言者：

a. Psychoanalysis：Freud 在人的心靈的領域發現了一大塊 terraincognita（未發現之地，未知之地）。於是心理學知識不再能依靠物理科學的實驗室中的工作（如刺激和反應），而需要求之於每一個人的 Biodata，對於人的行為的認識和解釋，隨而發生非常大的變化，照 Psychoanalyst 說來，幾乎每個人都有兩個自我，一個自我是不自覺的，思想簡單的，完全是邏輯的，如飢餓思食，渴思飲；一個自我是自覺的，但不邏輯的，被認為正常的，但受社會經驗的制約，如目不視邪色，耳不聞淫聲，前者不說是本能衝動，是慾望，其中有的受意識的自我的壓抑，但在潛意識中繼續活動，以種種偽裝的形式出現，包括我們稱之為神經病的種種行為舉動，有的被昇華，例如從性的目的轉移為藝術、情歌，或權力的目的，等等。當然，Freud 或其他心理分析學家的理論，學者不一定完全贊同，但以心理分析學家對於人的行為所見的深刻，沒有人能加以忽視，尤其社會科學家，包括歷史學家，因為歷史知識的最重要的部分，就是有關於人的行為的知識（Bernheim 有關史學的定義）。

b. 社會學（Sociology）：十九、二十世紀間，兩種不同的傾向，但兩者都改變舊社會學的對於社會行為和現象的簡易的看法，如 Comte 認為有統計數字，便可以表達 social truths，可以預言和控制社會行為一樣，一種傾向以 Emile Durkheim 為代表，強調社會事實，亦即集體的事實，強調社會的 collective mind，社會不單是一群個人，如單純的以數字的相加，而有它自己的法則，由此而有群眾心理學（Psychology of the crowd）的發展（此為群體之心理反應，為社會現象，與個人心理不同）。另一種傾向則強調個人的心理的因素，如 Lester Ward，所主張以人的意欲、感情、智力來解釋社會現象，人類之由原始進入文明，以及文明的進步，決定於同一社會中人的社會適應力，易言之，社會的進步，在於同社會中人從發自自然的意欲與感情的行為，進而人為的，計劃的，自己指導的，由理智加節制的行為，這也可以是說社會學的 humanization。

c. 人類學（Anthropology）：Franz Boas 認為如體質人類學對於體質的測量，無甚意義，人類學研究的對象應該是人類的生活，是文化，尤其是語言。從 Boas 的時代起，Culture 成為區別歷史和人類的主要的形式，而每一種文化自身，被認為是不可以分的整體。

d. Mythology：與 Anthropology 有密切的關連，從神話傳說之中看不同民族，不同文化，尤其是對遠古民族和文化的歷史，它們的物質和精神生活的狀況。

所有的社會科學的新的發展，都強調歷史因素 —— 心理的，社會的，文化的因素 —— 的複雜性，改變社會科學以所謂普遍的科學法則統攝社會現象的態度，但社會科學之成為一種學問，在求概括的知識（generalization），亦即在求法則，然則，求社會的法則是否可能？

Boas 以人類學為例，他認為決定一種文化的某一方向發展的法則是可能有的，但發展的細節，經歷時間的久暫以及變化發生後思想和行為的新的動向，則不可知，或則如 Robert K. Merton 以社會學為例，認為當代社會學說所重的是對於材料的看法，指示各種應該計算到的可變的因素，而不在確定不同因素之間在過去認為不變的機械的關係。

e. 經濟學（Economics）：這兩種態度在經濟學中表現得最為明顯，在現代經濟學中，一方面繼續追尋法則，孤立各種可能的情境，得出種種公式，非常深奧，專家之學。一方面則結集各種經濟因素的材料，加以整理，顯示不同社會經濟生活的各自的大概面貌：如國民所得，生活水準，就業水準等等。它們表現重要的經濟生活的事實，但和天真的科學態度之求達到預言和控制的正確程度，相去甚遠。

3. 結論

社會科學有如自然科學，也有它的進步，它的早期的論調，簡單的法則時代已經過去，在現況下，它更為實事求是的工作，供給我們更多寶貴的知識，幫助我們了解自己──人和歷史。

十九世紀中葉以上，承 Ranke 一派史學實事求是的風氣，西方史學界對於社會科學曾經取嚴格的、戒備的態度，到本世紀初亦還是如此。

史學與社會科學相同者：以人類與人類生活為研究對象。相異者：史學在求再現與解釋不離時空關係的特殊的個別的事件；社會科學則略在特殊的時空的差別，而求一般性的概括的知識。二者實相輔相成：

（1）如缺乏充足的史料蒐集的工作，則社會學者除了自己從社會調查所得的資料以外，對於大部分歷史時代，將無從進行社會現象的一般的分析。

（2）在歷史學者，史料的蒐集愈豐富，則史學的分析，綜合，和概括的需要也愈大，因為也愈需要藉重社會科學家的工作。歷史學者不能守着滿坑滿谷的史料，而不把它們簡化為一種概括的可以認識的知識；他也不能一手整理所有的數之不盡的史料，因此，社會科學家的工作和方法的幫助，對於他自己是必需的了。

（3）T. H. Hexter. *Doing History*（1971）的警告：哲學的素養，作為思想方法的訓練，為治學必需，不獨於史學為然，但有如社會科學之於史學，哲學與史學的關係也數經變化。

六、哲學

哲學是思想的產物，成為思想的訓練（discipline）。（從史學分出，有一段很長的時期，曾經支配史學，因此我們要在史學研究上得哲學之助，需要明了哲學和史學之間的關係和變化，使我們庶幾不是自己失去立場，如像我們對於社會科學一樣。）

當人類開始以口耳相傳的形式，或以文字的形式，有所謂歷史的時候，歷史無非是神話傳說，乃至鳥言獸語的寓言，Very unhistoric，使歷史脫出神話傳說的階段，進而求事實的真相乃是哲學之助，是理性（reason）或唯理思想（rational thinking）發達的結果。在西方，理性的解放初見於希臘，但基督教在羅馬帝國勝利的結果，加以蠻族入侵，帝國傾覆，在中世歐洲，基督教的歷史論，如於 St. Augustine's *City of God* 所見，又支配一時代的歷史思想，歷史被看成神的計劃的表達，其後終文藝復興時代以及近代科學的興起，到十八世紀，而唯理思想再盛，十八世紀成為西方一個最反宗教 —— 亦即反基督教的時代（近代科學興起，指 Copernicus, Galileo, Descartes, Newton）。

但唯理思想的勝利的結果，卻使它自己成為一種非常反歷史的思想，自然與合理被認為是適用於任何時間和任何時間的標準，有如宇宙之遵循永恒不變的自然法則一樣，在世界機器的觀念之下，宇宙失去了它的歷史性，則有關人類歷史的知識，除了表現人類的愚蠢面外，自然也無價值可言，史學的目的與社會科學的目的一樣，成了要尋求支配人類生活的法則，有如自然科學的尋求支配宇宙運動的法則一樣。

到了十九世紀，經過 Romanticism 時代，上述兩種精神勢力的結合使歷史哲學大盛（這兩種精神勢力，便是 1. St. Augustine 和 Bossuet 的傳說；2. 實證的和唯理的思想方法。）十九世紀的歷史哲學多依傍科學，認為歷史乃是一個必然的、一貫的過程的展開，有它自己的規律和目的，如在自然中所見的過程一般，如像在有競爭，適者生存，如草木的春花秋實，或如生物的幼、長、老、死，歷史成了公式，歷史學在按照公式來選擇和排列史事，按照公式來推測未來。

十九世紀的歷史哲學依傍科學，而廿世紀的科學解救了歷史，最重要的一點是廿世紀科學本身就具有歷史的形式，如關於宇宙的知識，就不能脫離時空的因素，如天文學中之 The expanding universe；如相對論中時間、空間和運動的相對性；如量子力學的質能互變等都是，自然現象如宇宙現象、物理現象等，都是一種時空對象，因時空的不同而互異，然則認為自然現象和自然法則互為不變，為永恆的真理，已經不能成立，當然更不能把人類歷史強比諸自然現象，或強用自己法則。

哲學是思想的產物，也是思想的訓練，則史學工作自然時時需要哲學的幫助，但必須記得的是我們是在為建立歷史知識工作，尋求歷史的真實，我們需要為歷史作概括，乃是需要選擇一般性的原理原則。但在我們的研究工作中，不能因此而使得對於事實的正確的忠實的要求，受到損失。如十八世紀的唯理思想家所為，或如十九世紀的歷史哲學家所為。

哲學的輔助：歷史學者在處理史料和史實上不能不有一種認識的觀點，不能不有一種判斷的標準。歷史學者為求他的認識的觀點與判斷的標準有更多的有效的客觀的價值，他需要有哲學的素養，再如在史料和史事的處理上，我們時時需要作選擇、排比和組織的工作，這類工作一部分是邏輯的工作，又如，重建史事所內涵的和外延的因果關係，因果關係亦即邏輯關係；又如，判斷需有充足的證據為其前提，推論需有充足的條件為其論證，在邏輯範圍內之事。

學術研究最怕以草草成章為滿足，或以自圓其說為滿足。潦草結構的建築，一推即倒，作者浪費時間精力，所成者一無價值，為學術工作者，大抵邏輯的素養深，運用邏輯的能力高，到其選擇力、判斷力和組織力也一定高，一定敏銳謹嚴，做到由晦見明，去繁就簡，和窮本探源的地步。

歷史學者對史學的主要的輔助學科，至少應對下列三個主要方面具有適當的知識：a. 它們各自的歷史與成就；b. 各自所用的方法與有效的結論；c. 它們的方法與結論在史學上的應用。

第二章

史料的蒐集

第一節　史料的種類

　　上面已討論過有形的與無形的史料，文字的史料與實物的史料，直接的與間接的史料。以下會再就所有其他史料的分類作一概述，並就一般的情形，略論各不同種類的史料應用上的價值。

　　我們從本章起，已進入史學研究實際工作的程序，我們開始用到少數史學方法上未用的專門術語（technical terms），這種術語被用來表示的意義，我們要好好辨別清楚，譬如上面說"有形的"與"無形的"史料，或"直接的"與"間接的"史料便是。

　　除此之外，其他常用的史料的分類，有：

一、以史料製作原始分

　　1. 以產生之時地分：

　　當時當地的與非當時當地的，當時而非當地的（在電訊快捷的今天，如報章，如可以有當時而非當地的記載）與當地的非當時的；亦即以時間上或空間上接近的或不接近的關係來分。以耳聞目睹的直接的與不直接的，以及直接與不直接的程度，來判斷史料的價值的輕重。

　　原則上，當時當地的重於非當時當地的，當在二者中必須有所選擇時，寧取當時當地的，不取非當時當地的。但有例外，劉知幾

《史通》〈曲筆〉篇云：“亦有事每憑虛，詞多烏有：或假人之美，藉為私惠；或誣人之惡，持報己仇。”良好的經過鑑定校注的非當時當地的史料，可能較任何單獨一種當時的記載為有價值。

2. 以產生之地分：

即當地的和非當地的；空間上接近的和非接近的（鄰近的或非鄰近的）。其理與產生之時間同。

3. 以產生之人分：

在以史料製作原始所作的分類中，這種分類屬最重要的分類。我們以史料產生之時、地、人區別史料，但在通常情形下，這三種分類實相關連，所謂產生之人，即史料製作者，一種史料，如知道它的製作者，並知道此製作者之身世，則在通常情形下也便知道此史料產生之時與地，因此史料如能以產生之人作分類，同時也就作了產生之時與地的分類。

何謂原始的與非原始的？凡一種史料為對於史事親身耳聞目接者的報告，或乃至親身參預其事者的報告，此為原始的史料。反之，凡根據原始史料，乃至非原始史料而作成的報告或研究，為非原始的史料（或稱轉手史料）。

原始的亦稱第一手的，非原始的亦稱轉手的。亦有稱原始的為直接的，非原始的為間接的。

（1）應該注意在講語言文字學與考古學時所述的直接的與間接的史料，與此不同。

（2）原始的可以為直接的也可以是非直接的史料，一種原始史料可以是直接構成史事的一部分的史料，也可以只是史事的親身耳聞目接者的記載。就史料的系譜上推，無可再追溯者，故為原始的但非直接的。

史料的原始與非原始之分：

(1) 二者的價值判然有別。除非後者為良好的、經過鑒定的、綜合多種原始史料而出來的話，則當別論。

(2) 關係到史源的問題。德史家 Feder 說："史學方法中一個主要的原則，是要求研究者對於他所研究的史料，儘可能追溯到它的真正的原始，明了這項史料和它所由來的最早的知識來源（史料）之間的關係。此有二用：其一、檢查史料從原始史料，一轉手、再轉手時，內容上有何改變？其二、鑒定原始史料的價值。"

史實 —————— 原始史料⋯⋯⋯⋯⋯⋯⋯⋯轉手史料

　　原始史料的價值　　　　史料內容有何改變

因為一件史事的原始記載，往往由於它的記述者的知悉程度不同而內容有差別。所以一種史料，它所供給的有關一樁歷史事實的知識，除非我們能夠追溯它的原始來源，否則這項史料和它所以供給的知識將無從判斷。因為我們先就不知道它的原始的證人可靠或不可靠。更不必說轉述者（轉手史料）的忠實或不忠實。

原始史料之最常見的形式：(1) 一樁事件（一次暗殺、一個戰役、一樁車禍、一次議會的辯論）的目擊者的記載；(2) 訴訟或議事的正式記錄；(3) 法令、條約等各項官方文書；(4) 私人之書札、備忘錄、日記等；(5) 私人之回憶錄、自傳等。

至於非原始史料之最好的例子，為各時代歷史的標準著作，如中國歷代之正史（起居注，日曆→時政紀→實錄→國史→前代史）。

但同一史料，可能部分為原始的，而部分為非原始的，這要依靠內容分析，看史料製作者有關他所報告的事實的知識，何者為原始的、何者為轉手來的。如：Thucydides 在 *The Peloponnesian War* 一書中，把他對於這次戰爭的知識，嚴格地分別為原始的和轉手的，他說：“這次戰爭，凡是我自己不是目擊者的部分，我曾把轉手得來的史料，以最大可能的精確，研究過它的每一細節。”

二、以史料內容分

如“中國近代史資料叢刊”《鴉片戰爭》《洋務運動》等。

1. 以主題分：

如貞觀之治、東林黨禍、辛亥革命、文藝復興、法國革命，等等。

2. 以時期分：

唐 —— 玄宗 —— 開元、天寶。

3. 以地域分：

國家 —— 省別 —— 縣、市，等等。

4. 以專科分：

政治、社會、宗教、經濟，等等。

5. 其他：

（1）官書和私家記載：

官書，如實錄、方志、會典、會要，凡有簿籍可稽，而居於形式的記載，如年日、官職、詔諭等，每較私家記載正確，史事的來龍去脈與內因往往不見於官書，而見於私家記載。官家記載失之修，亦多官樣文章；私家記載失之臆，多炫奇之說。

（2）本國的記載與外域的記載：

本國官書多諱，《朝鮮實錄》證《明史》，域外記載隔膜、簡明，然也因此往往比較得其大要：《史記》〈大宛列傳〉：“自大宛以西至安息國，雖頗異言，然大同俗，相知言。其人皆深眼，多鬚髯；善市賈，爭分銖。俗貴女子，女子所言而丈夫乃決正。"

三、以史料的宗旨分

則可有形式的史料與非形式的史料：所謂形式史料是指史料製作者（直接的或非直接的證人）方面，有意要傳達一種歷史性質的報導，有意要為某一事件作證，則此類史料為形式史料。當史料產生之時，在史料製作者方面，並無明確的動機，要為一樁歷史事實作報導，如歷史事件或歷史環境中的遺物，我們一般稱之為非形式史料。

四、以報告的形式分

1. 口頭的史料與文字的史料：

文字的史料不必說，口頭史料：傳聞、逸聞、俚諺（如《世說新語》）、民間故事、歌謠、民族傳說、神話。

傳下的古史傳說都已成了文字記載，雅馴了的神話傳聞、民間故事、歌謠必然喪失了原始的面貌，但未必盡失古史的真實；顧頡剛："層累地造成的古史"（《古史辨》）中的主張似疑古太過。當代人類學家的一樁工作為忠實記錄現存的原始民族的口頭史。

至於當時的傳聞的史料價值，在講史料的鑒定時再講。

2. 形象史料：

包括雕刻、繪畫、建築、裝飾、圖表、照相、書法等。

3. 文字史料又可用以下兩標準來分類：

其一、書寫方式；其二、書寫的材料。前者可能是鏽鑿、刻劃、手寫、模造，但最多是印刷。後者，在中國有：甲骨、青銅、簡冊、竹、木、石、帛、紙等；在西方有：膠泥、蠟版（古希臘時代）、紙草（尼羅河）、羊皮（小亞細亞）、紙張等。

第二節　史料蒐集的困難

對於一個史學研究者，歷史知識的由來雖也可能從耳聞目接，但主要則須依恃史料。我們即令說歷史由史料構成，無史料即無歷史，也不為過。所以史料的蒐集，是歷史學者着手工作的第一步驟；而關於史料蒐集的知識和技能，是歷史學者為他的工作所必需的基本的準備。

史學研究的難以獲得如自然科學的精確的結果，原因之一，是史料蒐集的困難。歷史學者在這項工作上所遭遇的情境，有如下述：

第一，史料隨時產生，也隨時散失。古器物無論矣，便是文字記載，也隨生隨滅。意外的災害如水、火、兵、蟲無論矣，它們還要受到有意的銷毀、破壞、掩藏和盜賣。如以中國前代典籍的命運為例，戰國六國的史記毀於秦火，而《漢書》〈藝文志〉所錄的諸書又多不見於《隋書》〈經籍志〉，《隋書》〈經籍志〉所錄的諸書也多不見於現代。另一個駭人的實例是明、清檔案的命運。在距今不過五十多年（七十多年）中，清內閣大庫所藏的大量明、清檔案，可能一毀於宣統元年張之洞的以舊檔無用奏請銷毀；再毀於民國十年歷史博物館的以廢紙論價，出售給北平紙店作造紙原料；三損失於民國十七年李盛鐸的把它轉賣給日人。中央研究院歷史語言研究所運台的這宗關係明、清之際的最寶貴的史料，如果沒有羅振玉和傅斯年兩先生的先後護持，可能早已不在世間，或是流落異域了。

第二，史料縱多存在，但是因為散在各地，所以蒐集的時候仍多困難。其中尤以手稿、古文書、孤本、鈔本，和前代的精刻本為然。歐洲當文藝復興時代，人文學者如 Poggio Bracciolini，Giovanni Aurispa 和 Francesco Filelfo 的蒐集古代鈔本，都歷涉遠地，在教堂、修道院、和古藏書室中，遍處搜索。今人如胡適之的考證《水經注》，也曾於國內外廣訪異本，因而才發現了不少過去不被注意的刻本、校本和稿本。即如同一內閣大庫檔案，除了大部分歸歷史語言研究所外，也有一小部分為北京大學所得，或散在私家。同一《明實錄》的內閣大庫藏本，大部分歸北平圖書館，而一小部分則散在北平歷史博物館、北京大學和史語所。史語所集四處藏本的晒藍本，才拼合成了一份足本。

第三，即令我們有了一個史料集中的所在，但是典籍浩瀚，也使得歷史研究者翻檢為難，無從措手。梁任公曾說："二十四史、兩通鑒、九通、五紀事本末，乃至其他別史雜史等，都計不下數萬卷，幼童習之，白首而不能殫。"他所舉的不過是中國現存的史籍的一部分，已經是"幼童習之，白首而不能殫"了。歷史著作尚且如此，更何論還有史料；文字的史料尚且如此，更何論還有實物的史料。

第四，即令我們已經搜得了一堆史料，但是或由於史料本身的欠缺，或由於我們自己的粗疏，都足以使研究工作受影響。如果缺乏必需的環節，我們會曠日廢時，勞而無功；如果根據不完全的史料，驟下結論，我們會造成對於史事判斷的錯誤。尤其因為新史料不斷產生，不斷發現，它們不僅隨時為我們增加新的知識，而且也在隨時推翻陳說，否證舊史料的價值。一個顯著的例子可以在李濟先生的討論高本漢所定類別中國古銅器的標準一事上看到：

> 瑞典的高本漢教授，……根據了四十六種有關中國青銅器的圖錄及銘文的著作，作了一番甚詳盡的分析比較，由此找出了殷銅器與周銅器的基本分別……。他歸納出來用作分辨各期的標準，要算是極實質，極縝密的了。這是以現代科學方法，整理中國古器物，一部最有貢獻的成績，值得我們重視。
>
> ……
>
> 假如我們用小屯出土的青銅禮器，校訂一次他的結論，有兩事值得大家注意。一，'舉'、'亞形'、'析子孫'，高本漢教授認為標定殷代器物的三種基本符號，在小屯出土的八十二件禮器上，一次也沒出現過。二，他所認為有殷代銘文的器物，所表現的形制與文飾，統計地說來，有些在小屯器物上完全沒見過；有若干雖見於小屯器物，卻不甚尋常；小屯器物的形制與文飾，在高本漢的標準單上漏列的也不少。

這兩件可以注意的事實，自然可以有若干不同的解釋。但是，無論我們加以何種解釋，高本漢教授的結論可以運用的範圍，卻是大大地被限制了。所受的限制，就純理論的方面說，也頗有它的必然性。因為，他的研究所根據的原始材料，雖是極精緻的揀提標本，同時，卻是經過了有偏見的選擇的一群，已經失去了一般的代表性。（〈中國古器物學的新基礎〉，《文史哲學報》第一期，台灣大學）

無論是中國或西方的上古史，在最近的數十年至百餘年間，都已因新史料的發現而經過重寫，並且還在不斷重寫。

在這一章中，我們便想就一個歷史學者的力之所及，看看我們如何在現實的學術環境中，設法來克服上述的困難，使我們的研究工作的第一步，收得最大可能的良好效果。這是一樁近乎踏勘的工作，或是一樁更近乎探險的工作。它要求我們表現高度的耐性，也要求我們表現不肯中途而廢的堅毅的勇氣。但是工作的樂趣也即在此。我們學問上的好奇心，我們的求勝心，常在這項工作中得到最大的滿足。

第三節　文獻館、圖書館和博物館

　　史料保存的困難已如上述。蒐藏原是保存的一法，但是中國在前代幾乎沒有國家蒐藏；有之，厥唯皇室的蒐藏。皇室蒐藏之不能代替近代意義中的國家蒐藏，可就下述的兩種情形見之：第一，一書一物，一旦進入禁中，外間幾乎便沒有再見之日，遑論公開的研究；第二，皇室的蒐藏都鮮克令終，平時的賞賚、保管者的不知愛惜保護，和易代之際的兵燹破壞，都會使藏品湮散。至於古文書（舊檔），則甚至不視為有保存的價值，加以妥善庋藏。如上述的明、清檔案，便是博學明達如張之洞，也以為舊檔無用，奏請銷毀。所以從北宋以來，歷代皇室的古物和圖書蒐藏，現在都只剩下了目錄。宋徽宗時王黼等奉敕撰的《宣和博古圖》，或宋仁宗時王堯臣等奉敕撰的《崇文總目》，都是。

　　過去中國歷朝有一種保存史料的方法，便是修史。歷朝根據起居注和時政記修帝皇的實錄，從實錄修國史，後代又從前代的實錄或國史修勝朝史。中國歷代相傳還有一個完備的史官制度。中國的這個大史學傳統，為舉世所不及，我們自然應該引以自豪。但是由此而得到的收獲，卻並不能抵償歷朝史料的損失。因為所得的是歷史著作，是轉手史料、間接史料，而修史所據的原始史料和直接史料都多隨修史而銷毀。過去中國歷朝還有一種保存典籍的方法，即編大部的類書和叢書。明的《永樂大典》是最大的類書，而清的

《四庫全書》是最大的叢書。卷帙的浩瀚使這兩部空前的巨製都沒有付刻。《永樂大典》成書一萬一千零九十五冊，正副本兩部共二萬二千餘冊，經過多次的浩劫，據知道現在尚存世間的，國內外不過三百七十冊；而現在保存在台灣的，則不過原屬中央圖書館的八冊。《四庫全書》因為編纂時有禁毀違礙書籍之事，已經有纂書即毀書之說。寫成的七部，文源閣（圓明園）藏本毀於英法聯軍之役，文匯閣（揚州）和文淙閣（鎮江金山寺）藏本毀於太平軍之亂，所以已毀的有三部。文溯閣（遼寧瀋陽清故宮）和文津閣（熱河承德避暑山莊）藏本在對日抗戰前歸北平圖書館；文瀾閣藏本歸浙江圖書館，於抗戰時曾經和文淵閣藏本隨政府西遷。現在保藏在台灣的，可能就只是後面的兩部。所以大部類書和叢書的編纂，至少就前代言，也並未達到保存史料安全的目的。

　　除了皇室的蒐藏外，還有地方和私家的蒐藏。屬於前者的，前代有書院，方志館和先賢祠。其中方志館不常開，它的目的也只在撰述，而非保守史料。書院的目的在傳道授業，而先賢祠在明德奉祀，它們都蒐藏史料和典籍，但蒐藏不是它們本務。私家的蒐藏或因秘不示人，所以史料的入藏私家，它如它的入藏禁中一般，外間無從得見；或因後嗣的不肖，父子易代，而蒐藏已典賣散盡，不能久守。而且無論皇室或私家的蒐藏，賞玩的目的常重於學術的目的，藏品都是古物，而古物都是古玩。如果入藏的標準如此，我們自然更難以期望它們是系統完善的蒐藏了。

　　唯有公立和公用的文獻館、圖書館和博物院，是保存史料的有效的方式。我們不僅需要所有存有前代史料的文物蒐藏，全部開放，加以公共的保管和專家的整理；我們而且需要將業經散佚的史料，從千百殊異的地方搜索集中，使它們重見天日。自清末以來，隨着公立和公用的文物機關的成立，這種風氣已經開創。清室蒐藏的入故宮博物院；內閣大庫藏書的設立學部圖書館，為國立北平圖書館的前身；史語所的收購明、清檔案；北平圖書館的收購山東聊城楊氏海源閣藏書；江南圖書館的收購錢塘丁氏八千卷樓藏書，為江蘇省立圖書館的前身。凡此都是善例。

一、文獻館

中國前代的史館和通志館，已略具文獻館（archives）的雛型，而衙署的文檔庫為未開放的文書的庋藏。但近代公用文獻館制度的建立肇始於西方。

西方從文藝復興時代古籍的蒐集，進而至於古文書的蒐集，是一個自然的發展。當中世歐洲，教堂和修道院同樣也是文書庋藏之所，所以用古文書為歷史作證以及對古文書的整理，最早乃是教會的事業。當十七、八世紀時，因為教會修道團體的權利之爭，法蘭西的 St. Maur 修道院成為古文書整理運動的中心。Jean Mabillon 便是以一個 St. Maur 的修士，為歐洲的古文書學奠定了基礎。至於文獻館之成為一種國家的制度，則開始見於大革命時代的法國（Archives Nationales, 1789；與 Archives Dapartementales 1796），到十九世紀中，在西方因為民族主義的影響，這項工作更普遍的成了國家的事業。國家文獻館先後成立。一代的史學大家，如日耳曼的 G. H. Pertz 和 Leopold von Ranke，法蘭西的 P. C. F. Daunou 和 F. A. M. Mignet，英國的 M. Kemble，意大利的 G. Capponi，都曾為自己的國家盡瘁於古文書蒐集和整理的工作，或是主持國家文獻館的事業。此外，如奧地利、西班牙、比利時和荷蘭，也都有國家歷史學會或文獻館的設立。羅馬教廷的梵蒂岡文獻館在一八八一年開放，尤其成了研究歐洲中世史的學者取之不竭的寶藏。隨着世界各國文獻館的開放，文書在學術研究應用上的日增，文獻館的服務也越來越周到便利。目錄的編撰刊佈，各種指南的印行。文書的形式也增多，有手寫的和刊印的，此外還有顯微影片、照片，電影、錄音帶等。

中國的國家文獻館，在抗日戰前，名副其實的只有故宮博物院文獻館、國史館和中國國民黨中央黨史史料編纂委員會，但所藏的文獻，大多不是供公開閱覽的。各地有省縣的通志館、方志館、文獻委員會，往往有名無實。當代保存的中國前代的大宗文書，在數量和內容的完整上居首位的，有清內閣大庫檔案、清末民初的外交檔案、清軍機處檔案等。此外，漢、晉簡牘，如羅振玉、王國維所編的《流沙墜簡》和勞榦的《居延漢簡圖版》及《居延漢簡考釋》所著錄的，大部分是古文書。而國內外文物機關，如故宮博物院文獻館、中央圖書館、法國巴黎東方語言學校、德國柏林圖書館、英國大英博物館和劍橋大學圖書館所保存的太平天國的史料，一部分也屬於文書一類的直接史料，下面我們試以明、清檔案為例，為文獻館的使用提出一個常態的程序。

歷史學者的進入一個文獻館，他的目的應該在為他的研究求證，而不光是為閱讀或瀏覽。所以在進入文獻館之前，第一，他應該有一個確定的題目，和對於這個題目的基本知識的準備；第二，他應該有使用業已編印成書的同類史料的經驗；而第三，對於他新將會使用的史料，他應該具有古文書學訓練的準備。就明、清檔案的使用言，因為它們的來源的可靠，時代的接近，和保藏機關的學術的地位，所以第三個條件可以省略。我們假定歷史學者已經具備了第一和第二兩個條件，下面的一個步驟，應該做兩椿工作：
第一，對於他所需要應用的古文書，他應該調查清楚它們的庋藏之
所；第二，對於已知的庋藏處，他應該調查清楚它們保存這類史料
的歷史和編印有關出版物的狀況。明、清檔案有兩大宗，一是清
內閣的大庫檔案，一是清軍機處檔案，已如上述。軍機處是清雍正
以後政府實權所寄的地方，其中的檔案關係清代中葉以降國家的大
事，於民國十三年歸故宮博物院文獻館保管。內閣是明、清兩代政
令所從出，到清雍正時，實權始為軍機處所奪。根據內閣大庫檔冊
的記載，其中的檔案在時代上主要屬於三類：1. 明檔；2. 滿清入關
前的盛京舊檔；3. 清初檔，是明、清之際最寶貴的直接史料。關於
內閣大庫檔案移轉的歷史，李光濤有如下的簡要的報導：

> 宣統元年，大庫屋壞，時張之洞以大學士軍機大臣管學部事，
> 奏請以大庫書籍設學部圖書館，……其餘檔案，概以舊檔無用，
> 奏請銷毀。參事羅振玉，言諸張氏，請罷銷毀之舉。於是乃將所有
> 檔案移至國子監，裝八千麻袋。民國二年，教育部設歷史博物館籌
> 備處於國子監；民國五年，歷史博物館遷於午門，……檔案亦隨
> 同移往。當時歷史博物館……對於八千麻袋檔案之處置，只略檢
> 其整齊者，陳列於午門樓上，以誥敕廷試策為多，於民國十一年移
> 存於北京大學。餘貯城門洞內，視為廢紙。民國十年，歷史博物館
> 又因經費積欠之故，遂將貯於城下之"廢紙"用"爛字紙"三字，以
> 四千元的代價，出售於同懋增紙店作為重造紙料。……事為羅振玉
> 所聞，……以三倍之值，將原物買回。（而原物已被改包漬水，並
> 為同懋增陸續賣去不少。）羅氏自購得此巨量檔案之後，也曾……
> 檢理八十餘包。嗣因財力限制，中止工作。……"外人且重金求
> 讓。"……此時寓居天津的李盛鐸聞知此事，急以一萬六千元購於

羅氏，……並在天津、北平二處租屋分貯。不過檔案在李氏處日淺，而且李氏除僅檢視過一兩袋外，其餘並未翻動。在此情形下，關於檔案的命運，當時有一驚人消息，為傅先生（斯年）所聞，即"李盛鐸切欲即賣"，並云"滿鐵公司將此件訂好買約。"（語見傅斯年《上蔡元培先生書》。）……（中央研究院）歷史語言研究所設置於民國十七年，是年九月，傅先生剛剛於就任所長之始，跟着便提出了要收買李盛鐸所藏的明、清檔案，……函呈（中央研究院）院長蔡孑民（元培）先生。……蔡先生隨即代為籌款。現在檔案仍為公有，而且歸史語所，總算不幸中之大幸。九一八事變後，平、津告急，史語所曾將業已整理就緒的檔案，全部裝箱南運。……二十三年冬運回。……嗣因天津環境日非，華北終非安全之地，二十五年夏，傅先生乃為未雨綢繆之計，特命將檔案中擇要共裝一百箱；其餘檔案，則分存於午門及蠶壇兩處。自是之後，以迄於今……其間史語所曾遷移五次之多，一遷長沙，二遷昆明，三遷李莊，四遷南京，五遷台灣。……處如此情形下，關於檔案一百箱，唯以保管為第一了。（〈傅斯年與明清檔案〉，載《傅所長紀念特刊》，中研究史語所，一九五一年三月。）

　　明清檔案保藏的處所和歷史，大略如此。至於有關明清檔案的出版物的狀況，故宮博物院有《掌故叢編》《文獻叢編》《三藩史料》《文字獄檔》，道咸同三朝的《籌辦夷務始末》《清嘉慶朝外交史料》《清道光朝外交史料》《清光緒朝中日交涉史料》《清光緒朝中法交涉史料》和《清宣統朝中日交涉史料》的印行。北京大學有《順治元年內外官署奏疏》和《洪承疇章奏文冊彙編》的印行。史語所有《明清史料》甲、乙、丙、丁、戊、己、庚、辛等八編、《明清檔案存真選輯》和《清代官書記台灣鄭氏亡事》的印行。對於有關出版物狀況的調查，是因為它們既是史料的保藏機關所印行，而且又曾經過專家的整理，可以節省我們再去做重復檢查原史料的工作。學術研究的進步，要求我們以最節省的精力和時間，來獲得最大可能的成績。

在實際應用前的最後一樁工作，是明了所需要應用的史料被保存的狀況。如以史語所的《明清檔案》為例，已經整理的部分，乃按以下的分類保存：

1. 內閣收存各項檔案：

(1) 詔敕，(2) 章奏，(3) 黃冊，(4) 朝貢諸國表章；

2. 內閣本身各項檔案；

3. 修書各館檔案；

4. 考試；

5. 瀋陽舊檔；

6. 明檔。

每一類中，再按年、月、日先後，編號登記，並製成簡明目錄。明了文書檔案的保存的狀況，和明了圖書的分類部屬一樣，必須如此，我們纔能夠分門別類的按明白的線索查檢。

這是一個使用文獻館的常態的程序，目的是要保證我們工作的成功和良好的效率。我們可以在實際工作的時候改變這個程序，我們也必須在實際的工作中磨礪我們使用這個程序的能力。

二、圖書館

1. 概說

(1) 圖書館（Library）的定義：文獻館庋藏文書，圖書館庋藏圖書，包括手稿，手鈔本，但這仍只為一理論上之分法，實際上並不如此嚴格。

（2）凡應用文獻館所需要之各項步驟，同樣可適用於圖書館。

（3）應用圖書館之特殊需要注意的事項：

a. 目錄：保存狀況與內容（假定乃一完備之圖書館，亦不能應有盡有）。

b. 特藏室與善本室。

c. 參考室、期刊室與閱報室。

d. 專門圖書館：獨立的專門圖書館；專門學校圖書館；學會或研究所圖書館；政府衙署圖書館；實業行會圖書館；私人圖書館與紀念性圖書館。

即一般圖書館亦各有特性，如分通俗圖書館與參考圖書館。一般圖書館又可分有國家圖書館（屬版權圖書館或存繳圖書館）、地方圖書館及學校圖書館等。

2. 英國圖書館

（1）國立圖書館：

最重要的是：British Museum，其餘的有：Wales，Ireland 及 Scotland 的國立圖書館。茲以大英博物館為例說明，大英博物館是一般性圖書館，兼具通俗及專用圖書的圖書館，也是一版權圖書館，它的藏書在 1958 年的統計約為六百萬冊，手稿（寫本）約為七萬五千多種。大英博物館的部門有：Department of Printed Books; Department of Magazines & Newspaper collections; Department of Manuscripts; The Prints Room（圖片收藏室）等，此外尚有：

a. 大閱覽室：同時可容四百五十人；四圍的牆上圖書約六萬五千冊，其中參考書約二萬五千冊，可自由翻閱。

b. 北圖書室：收藏珍本，政府公報，地圖，手稿及東方書籍（包括東方語文書籍十三萬冊及手稿（寫本）一萬八千種）。

c. 雜誌報紙陳列室。

（2）大學圖書館：

a. 牛津圖書館（公開），1950 年藏書二百萬冊；又手稿（寫本）四萬種，其東方手稿可能在歐洲無敵，牛津圖書館亦為一版權圖書館。

b. 劍橋圖書館（公開），1950 年藏書二百萬冊，寫本及手稿一萬二千種，有極豐富之東方文獻，也是版權圖書館。

c. 倫敦大學圖書館，1950 年藏書六十萬冊，另加大學各書院藏書約五十五萬冊；另 London School of Economics and Political Sciences 有五十萬冊及 The School of Oriental and African Studies 未載。

（3）大教堂與教堂圖書館。

（4）地方圖書館。

（5）專門圖書館（倫敦一地）：

a. Victoria and Albert Museum：1950 年收藏書籍三十萬冊，相片三十二萬五千幀；期刊。以藝術收藏為主。

b. The Science Museum：1950 年藏書約四十萬冊；藏有期刊二萬套。

c. The Patent Office（專利權登記局圖書館）1950 年藏書約三十二萬五千冊。

此外有各種皇家學會專門學校及其他學術或職業團體皆有其自設的圖書館。

（6）國立中央圖書館及地方中央圖書館（National Central Library

與Central Library)，此為第一次世界大戰後才發達起來的圖書館。

3. 中國圖書館

(1) 國立圖書館：

國立北平圖書館。其成立的經過是，學部圖書館→京師圖書館（民七，國子監南學）→國立北平（初北京）圖書館（北伐成功時設在中南海）→與北海圖書館合併（民十八年，中南海為第一館，北海為第二館）→今址（民二十年，兩館合併）。屬繳存圖書館與參考圖書館（與中央圖書館同）。

a. 藏書：“七七事變”前為一百萬冊以上。勝利後接收，約為七十萬冊。（據大英百科全書，1950 年藏書有二百五十萬冊）先後入藏之重要藏書：購入：如海源閣；寄存：如梁任公。

b. 特藏室：邊疆史料：如蒙、藏、西夏文史料（包括經文）；善本：甲、乙兩庫；金石；輿圖；日文書庫（戰後，太廟）；紀念性特藏室：如寄存或併入之著名藏書。

編目方法：杜威法（Melville Dewey），王雲五（十）（廿）符號表示中國書。中文：自定。西文：美國國會圖書館編目方法（杜威分類法：以百位代部；十位代類；原位代目。0：一般書籍；1：哲學；2：宗教；3：社會科學；4：言語學；5：自然科學；6：應用技術；7：美術；8：文學；9：歷史）

各特藏室另有書目。

（2）學校圖書館。

（3）專門圖書館。

4.應用圖書館的常態程序

三、博物院（中國部分）

1.中央古物保管委員會（民二十三年七月成立）。李濟、傅斯年、蔣復璁、董作賓。

2.歷史博物館（民元年七月）：在故宮，自端門至午門一帶房屋。民十九年起，隸中研院。

3.北平古物陳列室（民三年）：在故宮，文華、武英、太和、中和、保和各殿。初藏遼、熱清行宮所藏寶物，計二萬餘件。最珍貴物品，於"九一八事變"後移南京。民三十五年，該所併入故宮博物院，遷京文物併入中央博物院。

4.國立故宮博物院：民十三年，溥儀出宮。民十四年雙十節起，正式宣告成立，同時開放，民十七年起直隸國民政府。內設古物、圖書、文獻三館。"九一八事變"後，設南京分院，藏南遷珍品。此部分古物與另內政部所藏古物，於"七七事變"後西遷。復員後，故宮博物院接收其原存北平文物，與古物陳列所之文物與房屋。文物總數約十五萬件以上，外加新沒收之敵偽蒐藏。

5.中央博物院（民二十二年成立籌備處）：內地調查及研究；邊地考察；正式展覽；考查報告及研究著述；藏品之整理（卡片：名稱、資料、頻色、形制、大小、時代、所由來、採集人、採集年月、簡介），復員後，接收敵偽文物。

6.國立瀋陽博物院：接收偽滿中央博物館與圖書館之奉天分

館。分古物館（一萬九千餘件）與圖書館（約二十萬冊）。

7. 倫敦中國藝術展覽：民國二十四年，展品類別為銅器、瓷器、書畫、玉器、景泰藍、織繡、摺扇、古書。出版《倫敦中國藝術國際展覽會出品圖錄》四冊（商務、民二四年）。

8. 國立中央博物圖書院館聯合管理處：

故博　2,972 箱

中博　852 箱

中圖　644 箱

北圖　18 箱

河博　38 箱

第四節　史料蒐集的技術的輔導

　　一項歷史研究的完成，是文學著作，史料蒐集的工作，是為各項歷史研究蒐集資料。史料蒐集工作的進行，一個必需的步驟，是用文字，按適當的方式，把所尋得的資料，記錄下來，易言之，就是筆記，照相或複印（xerox），不過筆記的變相。筆記主要也就是鈔書，鈔書對於政治學的重要，顧亭林便曾說過，善讀書不如善鈔書，讀書易忘，鈔書則使讀書所得精要的部分保存下來，而且在鈔書時，從所鈔文字中是可能領悟到新義，其自言《日知錄》之著成日："愚自少讀書，有所得輒記之，其有不合，時復改定，或古人先我而有者，則善削之，積三十餘年，乃成一編，名日《日知錄》。"趙翼著《廿二史劄記》以歷史書取為日課，"有所得，輒劄記別紙，積久遂多。"

一、記在何處

　　有兩種方式：一、筆記簿；二、卡片（小紙片）。介乎兩者之間有活頁本。

　　筆記簿之不可廢：不容易散失、弄亂，攜帶方便，故旅行時尤佳。又筆記簿亦可變化為卡片。

　　但用筆記簿，後作 index，因難得有適當的良好排比。

因此這兩種方式，主要看各人所喜，但一旦用了一種方式，便用到底，乃至大小尺寸亦然。保存；攜帶；容器。

複印、影印、剪報之類，可以代替鈔寫，為節省時間，可以編成筆記本形式來保存，也可以經過剪裁，編成卡片的形式來保存。

二、如何記法

1. 三類記載：

（1）書目、篇目（Bibliography）：

篇目，書名，作者，期數，材料所出頁碼，出版者，出版時地。其他，如刻本，或排印本，或影印本，或縮印本，或原稿，或手鈔本，Comments。

（2）內容摘錄：

一段文字亦可節錄但必須不斷章取義（word by word）。

a. 直接引文（extracts of quotations）出處：無出處之引人，因不知史源，一般無作證價值；故轉引，必言明。

b. 節要（summaries）出處：正確適當表達原文含義；不歪曲原義，不斷章取義，以從原文節要為原則，如將引證從類書或他種著作，可備考，再查原書，不可得，注明轉引所自。

c. 事實備忘（factual memoranda）：年代、人名、地名、統計數字，等，備需要時應用。

d. 要點（points）：歷史著作，貴在有創見，對於一個問題，最好的，最有用的 Ideas，可能在不經意時闖入意識，在檢查材料時有所見，應隨時記下，稍縱即逝，可能不再回來。

（3）訪問記錄（oral history or questionnaire）：

問題應妥善擬定，應具體，而所要求為清楚明白之答覆，易言之，空泛模糊與漫無邊際之問題應避免，應經過適當的途徑接觸被訪問者，避免引起不愉快與警戒。《史記》〈淮陰侯列傳〉讚："吾如淮陰，淮陰人為余言。"〈游俠列傳〉讚："吾視郭解，狀貌不及中人，言語無足採者。"

2. 記載款式：

（1）只記一面，如記兩面，上下面容易弄錯，材料易錯失，檢查時每張卡片都要上下面看過。

（2）只記一事。

（3）一卡片必須記兩事或一事而須入兩個以上的位置者，或二事以上的相互有關者，用 cross reference。

（4）標題或類目。

（5）空白：留供作提要或 comment 之用，或補充材料。

三、記些甚麼

1. 擬題：

（1）讀書有得，以為畢生之事。

（2）專題研究：Sir Charles Oman："不計任何代價，求其確定（definite），要有範圍，⋯⋯研究的範圍愈窄，便愈能深入，因此工作也愈能成功。"

2. 題目一經擬定，檢查與所擬題有關之書目；這類書目可以告訴我們同一題目曾否經其他學者做過？做得如何？在相同或相近的研究方面，其他學者在我們之前已經有了甚麼成績？這種知識對我們研究十分重要，不然，我們可能重復去做別人已經做過的工作，結果浪費了寶貴的時間精力。

真正名副其實的研究工作，有創造性的研究工作，一般說來，應該在前人結束的地方開始，應該在前人的終點起步。這樣才能在已有的學問的總體之外，有新的貢獻（a contribution to the sum of knowledge）。

3. 在題目最後確定前，檢查可以應用的史料是否足夠使題目做成。如無足夠的材料，則真如劉知幾說："巧匠無楩柟斧斤，弗能成室。"

4. 在題目確定後，應獲得與題目有關的足夠的背景知識，使題目產生更豐富的意義。因為沒有一樁史事，無論它的周延的大小，能夠孤立自足，我們愈能認識一樁史事與其他史事的關係，或者說我們愈多認識史事發生的背景，我們便愈能發現這樁史事的真相和意義。

5. 我們的題目既經決定，我們應盡力可能為它的最後表達的形式，也就是文字著作，擬具詳細的綱目和工作進行的程序。為一個研究的題目擬具綱目和工作進行的程序，同時也就是為我們的研究工作和著作確定重心，統一組織和劃定範圍。對於所蒐集的材料，才知道取捨！我們必須擬定我們要做的工作範圍、綱目和重點。

6. 無論閱讀或鈔錄，儘可能先原始史料，後轉手史料（L. Jock 反覆提醒我們），對於一位初入手從事史學研究的學者，可能遭遇的危險之一，是他的解釋原始史料，很容易受到他所先讀過的轉手史料的意見的影響，而妨礙他的獨立的判斷，因此他主張，在為一個題目的研究作準備時，應該儘可能先讀原始史料，然後再讀與題目有關的學術性的論文和專著。

John Lingard 為他的 *History of England* 作序："為了使這幾卷書更值得公眾的嘉許，在我開始工作時，我毫不猶疑地給我自己加上一重約束；決不未查問證據而信人之言，要使我的研究專注於原始的文書和前代的著作。只在我自己，對於我自己的判斷已經滿意，而且已寫成文字後，我才來參照近代歷史學者的著作，我的目的是要使我不至重蹈別人的錯誤，使我自己的見解不受他們的意見和偏見的蒙蔽，使我能夠根據真實史料，為讀者表現出歷史事實的完全和正確的關係。"

但是這並非說對於近代的著作不重視（見另稿），以上論擬題，是一種假想的簡化常態的程序，我們實際工作時，往往有很大出入，最大的出入就是我們最後確立題目和內容，可能和最先擬定的題目和內容有很大的差異，隨着我們蒐集材料的工作的進行，我們所得的材料可能有偏重，我們可能對於題目有新事實和新意義的發現，我們乃是可能想改變題目。

歷史研究不像科學實驗有規定的材料和規定的條件，因為一個歷史題目，如果它的材料是一定的，就無需我們"上窮碧落下黃泉"地去找材料了，因此 Barzun 說，一個歷史學工作者的決定他的研究題目的形態，有如一位雕刻家根據他的記憶，用黏土來塑像一樣，他不斷改變塑造中的泥塊，一直到弄出他心目中所見的形象為止，……沒有一個具體可見的 model 可以供他撰寫，如像雕塑家所愛說的：主題隱藏在材料之中。藝術家的工作，是使主題從材料中呈現，對於一個史學工作者，隨着史料蒐集的進行，主題漸漸從材料中呈現。

四、著作前對於材料熟習的重要

孫德謙：“余治諸子之學，將三十年，當（諸子）通考未作以前，凡是有涉於子書者，無不鈔讀……積稿盈篋，迄至於今，不特尋檢自便，而藉書於手，則成編在心，覺諸子之學術源流與其異同得失，往來於懷，遂能觀其會通，頗信獲益於鈔讀者為多。”（《古書讀法略例》、四）

梁啟超〈治國學雜話〉（張舜徽《中國古代史籍校讀法》278 頁。）

第三章

史料的本身鑒定

第一節　史料製作原始鑒定（一）

一、史料的本身鑒定與製作原始鑒定

1. 史料的鑒定（criticism）：

相當於中國的考訂和考證之學，考訂之學在考覈古籍（古文書）的真偽異同，而訂正之。考證之學，在考古籍（古文書）字義，及歷代之名物、制度、象數、典章，求其實而有據，無徵不信。系統地言之：史料鑒定的工作，在確定一種史料：

(1) 何時產生？

(2) 何地產生？

(3) 製作者為何人？

(4) 所根據之材料為何？

(5) 是否完整如初？

(6) 內容之可信程度如何？

其中：(1) —(5) 屬於史料本身鑒定的工作；(1) —(4) 屬於史料製作原始鑒定的工作；(5) 屬於史料文字鑒定的工作；(6) 屬於史料內容鑒定的工作。(1) —(4)、(6) 亦稱史料的高級鑒定；(5) 則稱為史料的低級鑒定。

2. 史料的本身鑒定：

(1) 何謂史料本身鑒定？

史料的本身鑒定，乃以史料本身為鑒定的對象，鑒定其真偽及其作證效力的高下等次，而不問其內容的信妄，因此又稱史料的外形鑒定。至於史料內容鑒定的工作，則是在一種史料通過本身鑒定後，進一步來鑒定其作為一種為史實作證的證據，它供給了甚麼知識？它所供給的知識具有何等的價值和效力？如甲午戰爭乃日本迫成（參看日外相陸奧宗光《蹇蹇錄》），但日本對華宣戰詔書諉過中國，因為詔書是真的，所以根據史料本身鑒定的標準，我們仍承認它是直接的、原始的史料；而如姚錫光《東方兵事紀略》，則為間接的史料。這是史料本身鑒定的結果，但進一步從內容鑒定，則《東方兵事紀略》對於中日戰爭的敍述，遠比日本宣戰詔書更接近事實。

(2) 史料本身鑒定的重要：

因為這是一樁必需的工作，史料為歷史知識所由來，為史事作證的證據，如知識的來源是偽的，或雖真而不可信的，則歷史知識還成其為甚麼知識，我們由此認識的歷史，將是甚麼樣子的歷史，這是最簡單的道理。

(3) 史料製作原始鑒定：

a. 何謂史料製作原始鑒定？

b. 史料製作原始鑒定的重要：史料製作原始的曖昧（胡應麟《四部正訛》論偽書之生）。

(4) 史料的真偽與史料製作原始鑒定：

史料本身鑒定又分史料製作原始鑒定與史料文字鑒定：史料製作原始鑒定從一種史料的製作看製作時期與地點的鑒定，以鑒定其真偽，而史料文字鑒定是鑒定一種史料文字的傳本是否完整如初，是否為本來面目。

史料製作原始鑒定所主要涉及的便是史料的真偽問題：一種史料，其製作原始，是否確如其所稱的製作原始？如是，便是真；如否，便是偽。

史料如史源不明者，無作證價值。要明史源，便是要明史料的製作原始，因為只有史料的製作原始明了，我們才能根據史料與史事的關係，判斷史料的作證價值，才能恰如其分的用以為史事作證。傅孟真"史料論略"。劉歆與古文學。Bernheim"考證與綜合"。

用史料製作原始鑒定來辨別史料，最極端的分辨，便是真偽的分辨。除了真與偽的極端的分辨外，如真偽難辨，為可疑（存疑）。但也可能以史料全體言為真，然而史料內容經過部分的改變。（這仍是外形鑒定，因為不問史料內容說些甚麼，而但問在文字上有過甚麼改變。）

a. 史料製作者本人之修正：包括訂正、解釋或補充。（翁同龢日記；袁世凱日記）

b. 增補：無作偽之意，如褚少孫補《史記》。

c. 傳鈔者於欄外或行內所加之按語，意圖解釋、增補、備考或改正原文者，被混入原文。（張舜徽書，198、211 頁；《廣校讎略》104—105 頁）

還有一種情形，一種史料，就其全體內容為真，然而其中一部分乃取自他種史料，對史料製作者來說，非他所製作，而自鈔襲來的，所以也是偽的。

因此史料製作原始鑒定的工作，循三條途徑進行：其一、史料製作者的鑒定；其二、史料製作地點的鑒定；其三、史料製作時期的鑒定。

　　史料製作者的鑒定的工作，往往同時包含製作時期和地點的鑒定，因為製作者自身時間性和空間性的緣故，同時，史料製作原始的鑒定工作，也必然包含增補和竄亂部分的辨識，以及假借和鈔襲部分的分析，其中前者同樣也屬於史料文字鑒定的工作，而後者同樣也屬於相關史料的鑒定，各部分這樣錯綜相關。

　　(5) 史料鑒定工作的性質：

　　史料製作原始鑒定法則和標準。但這是一樁實行的工作，非純粹理論的工作。

　　這項工作的成功，有賴於三條件：

　　a. 工作者對於受鑒定的史料及其內容有關的知識的總量；

　　b. 實際工作熟練的程度；

　　c. 工作者在平時所受的心智的訓練和實際工作時對於自己的心理的控制，包括耐性。

　　一個歷史工作者，愈能滿足這三個條件，他在從事史料鑒定工作時，也愈能成功。

二、史料製作者的鑒定

　　1. 外部標準 (外證)：

　　基本原則：一種史料文字 —— 手稿或印刷物 —— 有製作者之名，如無相反之理由否認之，應視該製作者為真。

　　(1) 正面標準 (肯定證明)：

　　a. 一種史料文字問世，有製作者之名，如此製作者猶生存於世，未否認之，該史料文字通常應承認為真。如孫中山先生《上李鴻章書》。

b. 如其所稱之製作者已故，惟該史料之問世係在作者在世時，未加否認，則上述標準仍可適用。（同上例）

c. 如該史料未經發表，而原手稿猶存，可以該手稿與製作者其他已知之手稿對勘，根據古文書學之方法鑒定之。

d. 如上述情形不可能，亦即無原件或手稿可資對勘，苟製作者生前於日記、信札，或其他文字記載中曾道及該史料文字為其所製作，則該史料通常應承認為真；若有可信之同時代人，或時代較接近之人，曾道及該史料文字為此製作者所製作，亦然。余嘉錫《四庫提要辨證》卷四，史部："靖康要錄十六卷"條。

e. 一種史料文字，其原件或手稿已湮滅，如有多數獨立之傳本（鈔本或刊印本）存在，在有關各點上相互一致，則該史料通常應承認為真，獨立流傳之鈔本或刊印本，其數愈多，愈一致，則愈可信。（因為這不啻說在我們之前有多數人見過這史料文字，相信它，並為它作證。）

外部證據的效力，因下列的情形而增大：

a. 證人的數目愈多，愈獨立。

b. 證人所屬的民族與鄉里愈分歧不一。如甲方接受一種史料（如文書），作對於乙方有利的證明，該史料如偽，乙方必將否認之。

c. 證人之年代與史料製作之年代愈接近。

d. 證人揭發，作偽之興趣愈大。

e. 證人愈屬於與史料製作者不同之門第、黨派或學派。

（2）反面標準（反證或否定證明）：

a. 有可信之權威證據，歸之於另一製作者。《漢志》〈藝文志〉"神農二十篇"班固自注："六國時，諸子疾時怠於農業，道耕農事，託之神農。"

b. 外部標準矛盾者:《鬻子》舊題為鬻熊撰,姚際恒《古今偽書考》謂:"《史記》〈楚世家〉熊通曰:'吾先鬻熊,文王之師也,蚤終。'今其書載康叔守殷,魯公守曲阜事,皆在文王後,且據書康誥,詩閟宮,衛、魯之封皆在周公東征之後。"

c. Argument from silence:世謂詩序為子夏、毛公所作,然因史、漢傳記無一言及之,遂可斷定為偽。

d. 出處不明(來歷不明)或奇特者:漢魯共王壞孔子宅得古文尚書,東晉梅賾始獻。

2. 內部標準:

(1)正面標準(內部證據只能證明為偽):

a. 一種史料文字,如其內部形式與其所稱之製作者其他已知之文字著作相合,則該史料文字可能為真,所謂內部形式包括文章程式、語言、詞彙與風格、書法或筆跡。

b. 一種史料文字,如其內容有關時代、地方,與其他情況之描述,與其所稱之產生環境相合,則該史料文字可能為真。

(2)反面標準:

a. 史料文字的內部形式,與其所稱之製作者其他已知之文字著作不合者。

b. 史料內容與其所稱之產生環境不合者。

c. 史料內容與其所稱之產生時代不合者。

d. 傳本與前人所引文不合者。

e. 因他種可信之史料所說不同而疑其偽。

3. 不完全真本與竄改之鑒定:

(1)古文書學之驗證:如偽史料原本。

（2）如偽傳本；而原本存在，對校即可。

（3）如原本湮滅：

a. 與不同傳本比較，發現異文，以辨別並汰除增補竄亂的部分。

b. 分析傳本的內容，考察其各部分的文章的形式，及其所表示的思想觀念，以發現其中有無不能連貫一致之處。

王國維輯古本《竹書紀年》，有"帝堯元年丙子"與"十一年庚寅，周始伐商"二條，但干支紀年始於東漢初，故此段文字當偽。又司馬光《涑水紀聞》有攻擊王安石陰私處，與司馬光之為人不同，此亦當偽。

c. 分析傳本所包含之事實，以發現其中有無不合於史料所稱之環境之處，或後於史料製作者生存之年代之處。《史記》有宣帝、元帝以下事，當為後人所補。

4. 引文與鈔襲部分之鑒定：

詳見下文"相關史料之鑒定"。

相關史料之鑒定，有時須特別小心從事，否則常會判斷錯誤，疑真作偽，疑偽作真。如余嘉錫考《靖康要錄》一書可為一例。

《靖康要錄》，不著撰人名氏。《四庫全書總目提要》謂："考《書錄解題》載欽宗實錄四十卷，（孝宗）乾道元年修撰洪邁等進。此實錄既成之後，好事者撮其大綱，以成此篇，故以要錄名之。"余嘉錫《四庫提要辨證》云："考徐松所輯《宋會要》第七十冊，職官類第十八，實錄院條下云：'三年（乾道）五月十一日，起居舍人兼權中書舍人兼同修國史，……修撰洪邁言，得旨編修欽宗實錄正史，除日曆……靖康日曆及汪藻所靖康要錄，並一時野史雜說與故臣家搜訪文字外，緣歲月益久，十不存一'云云，是此書乃汪藻所撰，洪邁盜之以修欽宗實錄。提要謂實錄既成之後，好事者鈔撮之以成書，所考適得其反矣。"

郭象《莊子注》盜自向秀，王鴻緒《明史稿》盜自萬斯同。

三、史料真偽鑒定工作的限制

第一，史料鑒定工作要求我們懷疑，但過疑或武斷，其弊與輕信或疏忽同，皆使史料不能作正確和正當的使用。輕信或疏忽，是鑒定不足；過疑或武斷，將無可用之史料。前者之弊為以偽作真，後者之弊為以真作偽。

第二，工作本身亦不過是史學研究之初步準備工作。

第三，其所得之結果常是消極的，使研究者免於使用惡劣之史料，很少是積極的。它能肯定一種良好的史料，但並不產生良好的史料，如史料文字鑒定之產生淨煉之本，也還沒有供給我們使用良好史料的方法。

第二節　史料製作原始鑒定（二）

一、史料製作時日的鑒定

1. 史料製作時日之重要：

（1）史料製作之時日，其本身便是史事（一件文書的頒佈，一種著作的發表）。

（2）史料文字之為史事作證，或作為證人的報告，其效力，至少部分決定於報告製作之時間距離史事發生之時間的遠近，史料的無製作時日，或不能推知製作時日，大體言之，無作證價值。

（3）史料文字之作證之性質或立場，也只有在明了史料製作之時日後，乃能充分了解。（如戊戌政變後光緒之詔書，朝鮮壬午事變時韓王請日使入宮護衛的手敕。）

2. 史料製作時日之鑒定：

（1）外部標準：

a. 一種製作時日未知之史料，因有製作時日已知之文字記載或著作之道及，而推知其最早可能製作之時日或最晚可能製作之時日。

b. 史料製作者可能於其其他時日已知之文字記載或著作中，道及該史料，從而推知其可能製作之時日。

c. 或史料製作者可能於該項史料中引用他種史料，其製作時日為已知者。

d. 從史料發現之環境，及發現時共同存在而時日已知之遺物，以推知該史料可能製作之時日。

e. 從史料所用之材料（如紙）與產生之技術（如印刷），從而推知一種史料可能製作之時日。

f. 從史料產生之過程，如一冊書籍之刊印，一篇文書之頒佈，一封信札之傳遞，從而推知其可能製作之時日。

（2）內部證據：

a. 一種製作時日未知之史料，與時日已知之史料對勘，比較其文字特徵，如遣詞、風格、稱謂諸點，以推知其可能製作之時日。

b. 從史料文字內容之檢查以推知其可能製作之年代。

i. 文中可能道及該史料製作之時日，或道及某人某事，而其時日為已知者。

ii. 文中可能敘述某人某事，其敘述驟然中斷者。

iii. 文中可能道及某種特殊之天文現象，其時日可以推知者。

iv. 無言之證，文中對於某項斷乎應知與應加道及之事沉默者。

v. 文中所表示之思想、觀念、學說、風尚有時間性可察知者。

（3）刊印書籍出版時日之鑒定：

a. 出版者之出版年月；

b. 作者或其他序跋之年日；

c. 序跋中可能道及之成書之經過與完成之年月。

《四庫全書總目提要》論《成憲錄》：《成憲錄》記明太祖至英宗王朝之事，不著撰人名氏，無著作年代，考明太宗廟號，至嘉靖十七年始改曰成祖，此書仍稱太宗，則是書必作於嘉靖十七年前，又此書取名成憲，成化為憲宗年號，憲宗稱謚，則所作必在成化之後。

二、史料製作地點的鑒定

鑒定之法則：

(1) 從史料發現之地點推知。

(2) 從書法、印本字體與款式推知。如中國與日本書法和字型；各地刻版有特色，蜀版、浙版，明眼人一見即知。（參葉德輝《書林清話》，論版本。）

(3) 從語文推知。中原系統與南方系統。高本漢（Karlgren）認為《左傳》所用之語言非魯語。

(4) 從文中對於地方、人物與事物所表示之特殊興趣推知。

胡適之《〈醒世姻緣傳〉考證》：《醒世姻緣傳》不著撰人名氏，無著作年代與地點，用內證，用外證，考定此書著作之可能年代與作者：一、書中的地理實是章邱、淄川兩縣；二、著書時在崇禎、康熙年間；三、可能為蒲松齡。

三、相關史料的鑒定

相關史料鑒定的連帶工作為失蹤史料之恢復；輯佚（亦屬校讎之學工作的一部分）：

這是因為史料隨時產生，也隨時散佚，但已經散佚的史料，可能於未散佚時，經他種記載或著作引用，得以保存。（鄭樵所謂"書有雖亡而不亡者"也。）明祁承爍《澹生堂藏書目》："書有亡於漢者，漢人之引經多據之；亡於唐者，唐人之著述尚有之；亡於宋者，宋人之纂集多存之。"輯佚，便是要從多種來源，輯出已經散佚的史料，使它重見天日。

中國輯書的事業，開自宋，至清而大盛，清乾隆三十八年，安徽學政朱筠曾請開四庫館，從校讎《永樂大典》來着手輯書。其後從《永樂大典》輯出，收入《四庫全書》或其存目的，計經部 66 種，史部 41 種，子部 103 種，集部 175 種，共 375 種，4926 卷，其中包括李燾《續資治通鑑長編》520 卷，薛居正《五代史》150 卷，郝經《續後漢書》90 卷，此外私人蒐輯的尚多，如徐松輯《宋會要》。

鑒定方法：

（1）於多種不同史料中，有部分相同之材料或文字存在，如彼此間非相關史料，應源自一更早之共同的史料。

（2）引文之纂要，參張舜徽《廣校讎略》。

清代學者們就從這許多方面輯書：如馬國翰《玉函山房輯佚書》（580 餘種）；王謨《漢魏遺書鈔》（400 餘種），黃奭《漢學堂叢書》（250 餘種），輯佚是蒐集史料之一法，也是追溯史源的工作之一。

第三節　相關史料的鑒定

史料製作原始鑒定，連帶的工作為相關史料的鑒定，亦即原始史料與轉手史料的鑒定。

一、史料的分析

工作之目的，在求發現一種史料，為原始的或轉手的，如是轉手的，其所根據之材料為何，亦即在求發現一種史料的史源，因此也可說為史料製作原始鑒定工作的一部分，有的史料製作者，如 Thueydides 自己就說明了他的 *The Peloponnesian War* 的材料的由來：其一，由親身經驗所得的知識；其二，轉手的或間接的知識；其三，第三手的或相傳的古史的知識。但更多史料製作者不說明史源。

下面所藉的簡單的法則在一般情形下之所以是有效的法則，是因為有三種基本的心理事實可以為據：

第一，如有二人以上觀察同一事實，其分別所作之敍述，不可能於細節上完全相同，不可能完全循相同之程序，用一致之字眼。

第二，如有二人以上表達同一或相似之思想，不可能於內容上完全相同，不可能完全循相同之程序，用一致之字眼。

第三，如有人取他人之著作，據為己有，縱經改竄，於文字中必仍有吻合原著之處，可以辨識，從而發現其參據之原本。

因此從反面說，當兩種或更多之史料（敍述）同一事實，表達同一相似的思想，而其內容細節敍述程序，遣詞用字相同者，則彼此可能相關，或甲源於乙，或乙源於甲，或甲、乙源於一更早之史料。例證：余嘉錫《四庫提要辨證》"《南窗紀談》一卷"條下，以《曲洧舊聞》（宋朱弁撰）與舊題徐度撰《南窗紀談》對勘，"大抵舊聞詳而此書略，又間有數字不同，其刪節竄改之跡，顯然可見。蓋徐度所著《南窗紀談》，原書已亡，後人從他說部中鈔取二十餘條，偽題此名，託之徐度。"

二、有關史料的鑒定

第一，凡二種或二種以上之史料文字，其內容與形式吻合，則彼此應相關。例證：方苞《望溪先生文集》〈書儒林傳後〉："余少讀燕策荊軻刺秦王篇，怪其序事類太史公，秦以前無此，及見刺客傳贊，乃知果太史公文也。彼自稱得之公孫季功，董生所口道，則非國策之舊文決矣。意國策本無是文，或以史記之文入焉。"

所謂內容吻合：所敍述之事實同（或相似）；文內之枝節處與斷截處同；對於事物之觀念、政治或宗教之觀點同；對於同一行為之動機之解釋同等。

所謂形式吻合：遣詞用字，風格款式，材料分配等。（相同之點尤多、尤強者，則其相關的可能性亦愈強。）例如：純粹時間程序相合，不能立即取為相關史料的證據，除非所報告的事件，為內容極其複雜的事件，因為按時間先後程序，是敍述史事的自然的程序。

一時代所習用的表達方式，不能立即取為相關史料的證據，因為兩種史料文字都可能用這種表達方式。

第二，凡二種或二種以上之史料文字，其形式雖不似，然內容於細節上皆吻合，則彼此應相關。因為形式不相似可能由於以下的原因：兩種史料雖相關，然由於其製作者所屬之時地、民族不同，而文字形式不同。或由於其製作者之個性不同，而文章腔調不同。或由於各自之文體不同，如散文與韻文，文言與語體，而文字形式不同。或由於襲取者引用原文之方式不同，彼可以直接錄入，亦可能用重述或節錄之形式引用，亦可能從記憶記錄，故與原文之文字形式不同。

第三，凡二種或二種以上之史料文字，雖文字形式不同，然因有下列之情形，內容可疑，故可能相關：一、涉及多數事實，而所取之細節同。二、涉及一長時期，而所取之事實同。三、製作者之思想觀點相異，而所取之事實或事實細節同。（可以《四十二章經》與《陶弘景真誥》為例，《四十二章經》記佛言，《真誥》記道教高真之言）如有二種形式或以上之相關史料，其作證之價值，僅在其中的獨立史料，非獨立的史料，其價值，需看它所由來的獨立史料的價值，以及它與獨立史料的傳承的關係，這是相關史料的鑒定的重要性所在，非獨立的史料，或稱轉手史料，或稱副史料，或稱附屬史料，或稱衍生史料，所以相關史料的鑒定，最後的目的，也就是辨別原始的與轉手的史料，一種轉手的史料和原始史料的關係。

三、轉手史料的鑒定

第一，一種史料文字，與另一年代較早之史料文字在內容與文字形式相同或吻合，則該史料文字應屬轉手史料。

劉知幾《史通》〈因習篇〉：“昔漢代有修奏記於其府者，遂盜葛龔所作而進之，既具錄他文，不知改易名姓，時人謂之曰：‘作奏雖工，宜去葛龔。’”

第二，一種史料文字，與其所稱之製作者其他已知之著作，於遣詞與風格上歧異，而不能證明其為偽，則該史料文字應屬轉手史料。

例證一：《魏書》〈太宗紀〉闕，後人以隋魏澹之《後魏書》補之，元魏之君，遭非命者多，太祖道武帝亦為其子清河王紹所弒，然魏收著書，務為魏諱惡，惟獨今本魏書太宗紀直書太祖被弒之事，《隋書》〈魏澹傳〉：“殺主害君，莫知名姓，逆臣賊子，何所懼哉？今分明直書，不敢回避。”（見《四庫提要辨證》160 頁，“魏收《魏書》”條，另又可參：陳振孫《直齋書錄解題》云：“闕《太宗紀》以澹書補之。”）

例證二：《四庫全書總目提要》《契丹國志》條下：“其體例參差，書法顛舛，忽而內宋，則或稱遼帝，或稱國主；忽而內遼，則以宋帝年號，分注遼帝年號之下。”《契丹國志》顯為轉手史無疑。另又可參：胡玉縉《四庫全書總目提要補正》《鮑氏戰國策注》條。

第三，一種史料文字，其離題或顯然係插入之部分，破壞全體之統一或條理者，則該剖分應屬轉手資料。（魏收《魏書》取魏澹書太宗紀補之，可為例證。）

第四，一種史料文字，於其不同部分對於同一行為作不同之敍述或解釋者，亦應屬轉手史料。例證一：

《史記》〈殷本紀〉（《戰國策》與《呂氏春秋》同）〈周本紀〉（與《淮南子》相似），記紂囚西伯之動機異。（張舜徽著《中國古代史籍校讀法》208 頁謂："崇侯虎進讒言於紂，前者言西伯因紂殘暴，聞之竊歎；後者言諸侯皆嚮西伯，將不利於紂。"）

例證二：又《史記》〈殷本紀〉載 "比干死而後箕子奴"（與《韓詩外傳》同），而〈宋世家〉則云 "箕子奴而後比干死"（與《論語》〈微子篇〉同）。

第五，一種史料文字，其所作之背景之敍述，與所報導事件應有之背景不合者。例證：1928—29 年，*Atlantic Monthly*，發表了一組據稱是 Lincoln 的 Documents。學者專家根據其 anachronisms，判斷其為偽（見 Garraghan 書）；又可用《四庫提要辨證》《天鑒錄》一條。

第六，一種史料文字，其所敍述之一般狀況或觀點，不僅與其所敍述之時代不合，每見與其製作者之時代亦不合者。例證：可參看《四庫提要辨證》史部《大金國志》條。

第七，史料製作者，其部分記載或著作為鈔襲者，則他部分雖貌似獨立之史料，亦應懷疑之。例證：《陶弘景真誥》，朱子謂其〈甄命篇〉為竊佛家《四十二章經》為之。在朱子先，黃伯思（北宋末人）《東觀餘論》已撮出其部分與《四十二章經》同。胡適之先生更擴而廣之，分析其全文取自《四十二章經》的部分，乃至說整部道藏，多數是竊來之物。

胡謂："《四十二章經》是久已流行的佛書，儘管顛倒次第，儘管改佛為仙真，儘管改竄文字，總不免有被人搜出娘家的危險。"

以上鑒定所謂衍生文字或轉手文字的幾條基本的法則，這種基本的法則，加以推廣，自然可以應用於比較更複雜的情形。

四、一種原始史料與一種或多種轉手史料的鑒定

1. 有甲乙兩種相關史料，如其中之一為原始史料，則非甲源自乙，即乙源自甲。鑒定方法：

（1）從產生之時日上鑒別，如其中一種史料產生之時日較早，另一種較晚，則前者應屬原始史料，後者屬轉手史料。（如在製作或刊行時日或書寫材料，書法或其他足以表示時日遲早之證據上所見。）

（2）從兩種史料含有之相同之部分與史料全體之關係上鑒別。如該相同部分於內容或形式上唯與甲史料之全體統一，則其在乙史料中之部分應屬轉手史料，反之亦然，（如時代不合，離題文體等。）如前引《戰國策》與《史記》之例。

又錢大昕為梁玉繩《史記志疑》作序，謂《史記》"去聖浸遠，百家雜出，博採兼收，未免雜而不醇，又一人之身，更涉仕宦，整齊畫一，力有未暇，此又不必曲為之諱也。"易言之，《史記》的內容與文詞，有雜而不醇之處，亦有缺乏整齊劃一之處，這等地方，也就是《史記》博雅兼收他種史料留下來的痕跡。

又如漢戴德《大戴禮記》，乃輯"七十子後學者"解釋禮經的文字，而編成的一部書，其中的〈勸學篇〉將自荀子，通篇之意在勸學，然中間忽插入一段文字，與上、下文不統一，清代學者孫志祖考證說，"《大戴禮記》〈勸學篇〉'珠者、陰之陽也'一段七十四字，與上下文語意不屬……《管子》〈侈靡篇〉有此文。"

（3）兩種相關史料，其中一種顯然有增文或刪略者，則該史料應屬轉手史料。（造成內容或形式上之不統一者。）

如《四庫全書總目》《大金國志》條："（其書）《開國功臣傳》僅

寥寥數語，而《文學翰院傳》多至三十人，驗其文皆全錄元好問《中州集》中小傳，而略加刪削。"

鈔書鈔錯，最是鈔襲的好證據，如《四庫全書總目》論《契丹國志》條。此據不同非的法則。

在原則上史料內容愈詳盡，則其為原始的可能性愈大。然亦可能有例外，因為一種轉手史料，可以根據多種較早的史料，參擴綜合，因而產生一種比單獨的任何一種年代更早的為詳細，因此也比較原始的史料的記載更詳盡。例證：姚從吾〈阿保機與後唐使臣姚坤會見談話集錄〉（《文史哲學報》第五期）。

(4) 兩種相關史料，其中一種內容曾作改竄，有明顯之用心可尋者，則該史料應屬轉手資料。

傳本《十六國春秋》，舊題魏崔鴻撰，全祖望考其為偽，謂係近人撮拾成書，假託崔氏。證據之一，《通鑒》記南北朝事，除晉宋諸正史外，以崔氏《十六國春秋》為多，《魏書》〈崔鴻傳〉謂："其書皆有贊序評論。在《通鑒》亦多引之，今本但取《通鑒》所引，附注傳尾。"

(5) 兩種史料，其中一種文字愈純淨整飭者，則其轉手之可能性愈大（因經過修飾故也）。

《朱子語類》："通鑒文字有自改易者，仍皆不用漢書上古字，皆以今字代之。"

2. 三種史料之鑒定：

甲、乙、丙三種相關史料，其相關有九種可能方式：

如三者中，一種轉手史料源自甲，同時亦源自另一轉手史料乙時，又有六種可能方式：

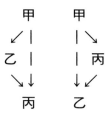

鑒定方法：

（1）與 1 所舉之諸法則同。（因分析是基本之關係，仍是一與一之關係。）

（2）有甲、乙、丙三種相關史料，其中乙、丙兩種於甚多點上與甲吻合，而乙、丙自身間於甚多點上相異，則乙、丙可能分別皆源自甲，易地以處亦然（此是證明二者不相關）。

（3）有甲、乙、丙三種相關史料，甲為原始史料，如乙、丙在甚多點上相同（此點證明二者又相關），而與原始史料甲在此種點上相異，如乙含有與甲顯然吻合（此點證明乙較原始），而與丙歧異之點，則丙可能同時源自甲，又源自乙，反之亦然。

（4）如在上一情形，丙與原始史料甲吻合之點，盡見於乙，而乙與甲吻合之點有不見於丙者，則丙為第三手史料，僅源於乙。（此條只在補充上條。）

(5) 如多種史料，而關係極複雜者，不依以上之基本法則，分析鑒定之。

五、一種轉手史料與多種原始史料的鑒定

1. 三種史料之鑒定：

有九種可能方式：甲、乙互相獨立，有三種可能方式。

甲、乙相關，有六種可能方式，惟後六種方式，與上四 2 所述之後六種方式實同。

鑒定方法：

(1) 如甲、乙、丙三種史料，丙所含有之材料，分別見於甲、乙兩種史料，但甲、乙兩者相互獨立，則丙應視為一種轉手史料，同時源於甲、乙兩者。

(2) 反之，如丙含有甲、乙之材料，而甲、乙並非相互獨立，則須決定丙係同時源自甲、乙，或僅源自其中之一。如僅源自其中之一，則為第三手史料。

（3）一種史料之源自他種史料，最可靠之內部鑒定，為所謂 "doubles" 之發現，即同一內容，在一處以甲之形式表達，在另一處以乙之形式來表達，而二者在同一史料中出現。

如作相關史料之鑒定，此為巧合之至，因同一內容，既可作不同之表達，則可以不同者尚多，何以乃有此 "doubles" 出現？此只能歸之於其所由來之原料如此，而在轉手史料中未曾統一。

第四節　史料文字的鑒定

一、史料文字鑒定工作的意義與性質

求史料的復原：

史料因傳鈔，傳刻而不能不產生文字上的錯誤。張舜徽《廣校讎略》："誤奪一字而事實全乖，偶衍一文而意義盡失。"（頁 78）

故對於一種史料，要問："這本子（version）在文字上是本來面目嗎？和它離開製作者的手時是一模一樣嗎？"而要設法求儘可能恢復它的本來面目。

工作的要點：發現錯誤；校正錯誤；產生淨本（Original purity）。與中間傳流的校讎工作近似。《風俗通義》："一人讀書，校其上下，得謬誤，為校；一人持本，一人讀書，若冤家相對，為讎。"

校勘學自是專家之學，但歷史學者在工作時仍可能遭遇需要他立時解決的文字校勘的問題，尤其是在應用未經整理發表的史料時如此，因為該史料未曾經校勘學者之手故也。

二、史料文字鑒定與底本的選擇（原本與良好傳本的鑒定）

如原本存在，自以原本為據；不然則以可靠的傳本為據，所以選擇底本的一項連帶工作，就是原本與良好傳本的鑒定。

第一，如為原本：筆跡、格式、圖章、書寫材料，或其他外部證據如權威人士的題跋，公證人的證明等。如為鈔本，鈔本製作年代的鑒定亦可應用鑒定原本之標準；又如史料製作者本人對於鈔本的簽字認可。如為刻印本或排印本，如史料製作者本人的清校樣，或其先前所認可之本子，皆有可信的權威。

第二，如有多種傳本，形式一致，而各自獨立，則可視為同出自一種年代更早的傳本，或乃至原本，各種獨立傳本而文字一致的部分，有可信的權威，因可同是而不可同非之故。由此追索其共同的祖本，或相互參校以產生一淨本。

第三，一種史料文字，如有他種時代接近的史料中的引文、重述、節要，或乃至翻譯予以證實者，可視為史料的原文。（如傳本所書紀年則因前人所引者與彼不合，而斷為偽書。）

第四，立場相反之兩方所用傳本之文字相一致者，則可能為史料之原文，尤其在法律上有作證效力的文件為然。

第五，一種傳本產生之環境，對於鈔書或刻書之要求極嚴格者，則應屬可靠之傳本。（名刻書家、書店、報章。）

但史料文字鑒定的工作，不能只以確定一種史料文字的原本，或證明一種可靠的傳本為滿足。更多的情形是需要我們去發現傳本文字的錯誤，校正其錯誤，由此建立一可靠的傳本，亦即校訂本，這使我們進一步進入校勘工作的範圍。

中國校讎學者的標準：其一、底本古；其二、輔本多；其三、校讀上下文；其四、參覈本書注疏；其五、檢驗古注類書；其六、佐證相關圖書；其七、文例熟；其八、通訓詁。

三、史料傳承與史料文字的鑒定

1. 直接傳承與史料文字之鑒定：

史學家凡從事史料文字校訂，對於他所處理的史料，其傳承的歷史必須充分明了，因為校書需要廣羅異本，需要擇一善本為底本，而以多少可信的別本為輔本，以相校勘，所以需要知道史料的系譜（Pedigree）。

凡史料文字，無論其為偽鈔本或刻本，以原文形式傳下者，謂之直接傳承。

（1）有關一種史料的直接傳承的知識，有可從外部報導得來的：如前人的著錄，或記載，或近人的版本學的知識。

今日此種知識已遠比過去容易獲得：圖書館與文獻館的目錄與指南；期刊與專書對於史料校訂工作的報導；本國或國際間的合作研究與學術通訊；Xerox 與 photostat 的發達，等等，都便利有關史料版本知識的獲得，異本的尋訪、搜羅和校勘。

（2）亦可能從傳本文字內容之對校獲得。從相關的關係的發現，進而發現傳本之間的傳承的關係。

如傳本數目甚多，則逐字對校甚難，於此可用一種取樣的方式，即擇取若干重要的或可疑的章節，以不同的傳本來對校。

由以上兩條途徑獲得的有關傳本傳承的知識，從傳本的系譜的建立，以發現一最好的底本。

選擇底本有二危險應避免：

其一，取便於獲得者為底本：因便於獲得者未必為佳本；

其二，單純以年代的古為擇取的標準。

如《莊子》唐寫本不過殘存十餘頁，而誤脫之處甚多。尚不若《古逸叢書》的影宋印本，後者係以部分南宋本與部分北宋本合刊。

（3）由史料傳本傳承關係的建立以決定底本與輔本之後，進一步就應該做文字校訂的工作了。以底本為根據，以輔本為輔，來為一種史料文字作校訂。今假定校訂工作已完成，校訂本已產生，一項必須連帶做的工作是對於該史料現有比較重要的傳本，尤其校訂時曾經用過的傳本，應有詳盡的記錄：如庋藏之所與編號；產生之時間與地點；書寫或刊印材料，（紙草、羊皮、絹本、紙張；商標或水印）；形狀、尺寸與頁數；文字之誤脫與衍文及其頁數與行數；書法；序跋；保存狀況；傳本之由來。

這些工作的作用，一在表明新校訂本產生上之根據，一便於新校訂本使用者的查對。

（4）如是排印本或刻本，有三種情形：

其一，如所據者為僅有之一種鈔本，其價值為一種謄本之價值；

其二，據多種不同鈔本或刊印本校刊，則產生校訂本，其價值決定於其所根據的本子與校訂的成績。

其三，刊印本之尤重要者，為其所根據者為從前可信之鈔本或刊印本，而今已散失者。

2. **間接傳承與史料文字之鑒定：**

間接傳承：凡史料文字非以原文形式傳下者：如重述、節略，等等。

（1）史料製作者所根據之史料，可用為史料文字鑒定之根據。

（2）原文之為同時或後代著作家所引證。

（3）原文之為歷代文選、類書或古注收錄者。

（4）本書之注釋。（本文已傳訛，但注釋可能保存完好。）

（5）翻譯：

翻譯與注釋之"渾釋正文"同，有時翻譯的價值，是因原文雖有傳本，然傳本在時代上為一晚出之本，或為惡劣傳承之本，文字有訛脫，而更增高。

如《舊約聖經》（*Old Testament*）在 *The Dead Sea Scrolls* 發現前，希伯來原文鈔本見於世間者，最古不過第十世紀，而希臘之鈔本有早至公元前二世紀者；Syriac，Latin 與 Coptic 亦有早至公元後二世紀者，佛經則以中文譯本來說，因為原文有的在印度已散佚，所以價值更大。

但無論如何，譯文必走樣，其作為史料文字鑒定之根據，只能在大意上，在渾釋上參照，而不能如有原文對校之求一字一語確切不移。

如上所述，史料文字鑒定的一樁連帶的工作為史料傳承的鑒定。

明了一種史料之傳承，直接的目的為明了此一史料所有的傳本相互間的關係，建立其系譜。進一步的目的，除了為史料文字鑒定作準備工作外，也是為決定一種史料的不同傳本的價值而做的最重要的一項工作：由此發現一種史料的某一本子為原本？為與原本時代接近的傳本？為良好傳承的傳本？為獨立的傳本？等等。

此一工作，為分析的、比較的，與相關史料之鑒定的工作同，所不同的只在"相關史料之鑒定"講兩種或兩種以上史料之間的可能的關係；而"史料傳承的關係"是以同一史料的不同傳本之間的可能的關係為主，所以傳本愈多，則工作愈煩難，尤其是有多種據異文勘定的本字（conflated or mixed manuscripts），存在的情形為然。

四、史料文字的訂正

1. 史料文字之選擇性的訂正：

利用以上的工作為基礎，校正史料文字的訛誤，求儘可能恢復史料的原來面目，產生校訂本或淨本，亦與校勘學的目的和方法合。

Selective emendation：亦即據異文勘定。

《新約》四福音傳世的重要鈔本所有的 Variations 多至二萬處。

（1）外部證據：

a. 一種異文之年代較古：舊刊。

b. 權威性較大：精校。

c. 其他部分之可靠性較大。

d. 與史料製作者所據之史料符合。

（2）內部證據：

a. 一種異文與文法暨邏輯之理相合。

b. 與史料製作者之為人與心智狀態符合。

c. 與史料製作者或其時代之遣詞與文例符合。

2. 史料文字之推廣性的訂正：

（1）從上下衍文推度得之。

（2）從傳鈔傳刊可能致誤之原因推度得之。

王叔岷《斠讎學》論 "形誤"：a. 古文形近之誤；b. 籀文形近之誤；c. 篆文形近之誤；d. 隸書形近之誤；e. 草書形近之誤；f. 俗書

形近之誤；g. 楷書形近之誤。

(3) 推度性訂正之限制：

據推度而作的訂正，可能有高度之可靠性，乃至確切無疑，然：a. 必須注明為推度得來；b. 必須列出所有的異文，使讀者能自作判斷。

五、校訂本的產生

1. 通則：

(1) 羅列所知之異文，包括誤讀，衍脫與倒置。

(2) 列舉前人校訂的成績。

(3) 如係手稿或鈔本，列舉所有的塗改之處。

(4) 列舉稿本與所知重要的鈔本，手校本之庋藏之所，重要之刻本與排印本。

2. 校訂文例：

序言、腳注、附錄，亦可用以表示校訂的結果。使史料文字以其本來面目，為史事作證。

第四章

史料的內容鑒定

第一節　史料內容失實的由來

一、史料內容鑒定

內容信妄虛實的鑒定，內容忠實性與精確性的鑒定，亦稱反面鑒定：史料製作者，亦即史實報告者，是否充分獲知他所報告的史實？對於他所獲知的史實，他是否探討得法？他的報告是否誠實不欺，而且十分願意說明此史實？所以雖是真史料，其內容仍可能失實。就不同的史料言，非形式史料（遺物）的本身有真偽的問題，無失實的問題。失實是在我們對於非形式史料，加以解釋、判斷和產生結論時發生。

形式史料係指有意為史實作報告的史料，形式史料的失實問題，有無意的失實，有有意的欺罔，前者屬於史料的精確性問題，後者屬於史料的忠實性的問題。

任何一種史料，在內容上都不能完全免於無意的或有意的失實。要求一種史料的內容在每一細節上都正確不誤，幾乎可說是不切實際的。因此在史料應用上，我們就需要明了史料內容失實的由來，儘可能鑒定其信妄虛實，以期收得最大可能的可靠的效果。

二、史料內容失實的由來

1. 史料製作者（原始史料的製作者，以史料的內容言他是首一報告者）的感覺可能有誤。

我們所稱為歷史事件的，分析到最後，其所以具有一種形相（image），實在是一系列的感覺，依照時間、空間和因果的關係構成，所謂某事件、某事件者，是我們給予的名稱，因此如史料製作者的感覺自誤，則其知識必有誤，而其對於事實的報導和判斷，自然也隨之有誤了。

感覺錯誤的由來，首先是感覺者的感官是否健全正常？（聾，瞎，瞎子摸象，近視，色盲，其他感官機能的失常，疲倦。）

其次是感覺者是否曾適當應用其感官於所感覺之事物？（大意，不經心，心煩意亂，恐懼或緊張，心不在焉。）

第三，連結感官與所感覺之事物的媒介是否容許感覺作正常和自由的使用？（光線過強或過弱，嘈雜的聲音，混亂的場面，距離的過遠，或其他的障礙，皆足以妨礙正常的感覺。）

第四，感覺者是否有充分的機會考察其所欲獲知的事物？是否決心作良好的考察？

2. 史料製作者對於所考察的事物的構成的意象，領悟可能有誤。

一個感覺者，經感官的感受，對於所感覺的事物，在內心構成意象。如此構成的意象，理論上應該和被感覺事物所出現於感官者一致，但實際則意象與感覺常有出入，其所以然：

（1）在構成意象時，有的經感覺的成分喪失，而有的未經感覺的成分加入，結果所構成的意象，部分是感覺的重現，而部分為虛構。

(2) 所構成的意象，可能因不正當想象的影響而失實。所謂不正當的想象，其由來，可能因精神或身體的緊張；可能因失眠、久餓、或失血的結果；可能因藥物（酒精、鴉片、迷幻藥）的影響；可能由於精神沮喪或情緒激昂；也可能由於期望或害怕獲得某種結果。

朱光潛《文藝心理學》：“自己歡笑時，大地山河都隨着揚眉帶笑；自己在悲傷時，風雲花鳥都隨着黯淡、愁苦；惜別時蠟燭可以垂淚？興到時青山亦覺點頭。”

由於感覺與領悟的失常，而有錯覺與幻覺：

a. 錯覺（misconception）：起於對於外界之感覺，而感覺與領悟（意象構成）錯誤。《晉書》〈苻堅載記〉：八公山 “艸木皆兵”；又 “風聲鶴唳”。

b. 幻覺（illusion）：不必起於對外界之感覺，而係由內心的想象，移轉為對於外界的感覺。所謂疑心生暗鬼是也。幻覺也可能是真實的內心經驗，如宗教家的起信（conversion）是。

3. 史料製作者於綜合對於事物的感覺與喚起對於事物的感覺時可能有誤。

歷史事件之所以具有形相，既是一系列的感覺所構成，則史料製作者在產生其報告的過程中，必然需要綜合與喚起對於他所欲報告的事件的感覺，這中間可能造成錯誤的機會甚多。判斷的不確，記憶的不足、偏見、感情，以及一般的心智狀態的影響，凡此都足以使史料製作者於不知不覺中，或強調或抹殺他的感覺的一部分，顛倒先後程序，改變事物的聯繫，從而使最後產生的報告內容失實。偏見有自然的偏見，不知不覺的；有存心的偏見，正是欺罔，不在造成此項失實的因素之列。

至於以記憶而言，常言所謂："記憶被時間沖淡"，已足見記憶之不可恃，我們對於一項事物的記憶，常會在不知不覺中摻入外來的因素，混亂人物與事實，弄錯時間，以及造成甚多其他可能的錯誤，在一般自傳和回憶錄中所見的因記憶錯誤而造成的錯誤，多不勝舉。

而且記憶是可能受下意識的影響：期待、自我表現、焦急、恐懼、感情衝動，則強調；疏忽與不關心，則薄弱。

4. 史料製作者在最後產生其報告時，亦即歷史記載時，尚可以造成表達的失實。

（1）語言的限制：言不達意或語法誇張。劉勰："言峻則高言極天，論狹則河不容舫，說多則子孫千億，稱少則民靡孑遺。"

（2）因一己偏見、愛惡、自私、團體利益、正統觀念、道統觀念、門第觀念，為求投合時好或某種讀者，而使表達失實。《漢書》論《史記》曰："論術學則崇黃老而薄五經，序貨殖則輕仁義而羞貧窮，道游俠則賤守節而貴俗功。"

（3）人也可以因受人暗示的影響，而使表達失實；暗示可由個人、輿論、群眾運動造成：鼓勵、恐懼、迎合、顧忌、噤若寒蟬，積非成是。

如是轉手的表達，則失實的機會尤多，因為轉手的表達，除了傳承原始表達者的可能的失實之點之外，在某人如此如此說的庇護下，更可不負責任地誇張渲染。一種報導如在群中傳播，群眾如個人，可以造成表達的失實，而群眾還要加上受群眾情緒的影響。如時值戰爭、瘟疫、天災等發生時，群眾的表達更容易流於荒誕，在天災人禍之際產生的荒謬迷信的傳說，由此而來。

5. 有意的欺罔：

一般所謂之欺罔：明知不是而說謊；由於心理失常而說謊；為玩笑而說謊；為有所企求而說謊；為存心譭謗或揄揚而說謊；為需要而說謊。欺罔之見於歷史者：

(1) 因個人或團體的利害、得失、好惡、成見而說謊。梁啟超自認《戊戌政變記》之非完全信史。

(2) 因需要或順從政治社會之既定原則而說謊。孔子："吾黨之直者異於是，父為子隱，子為父隱。"《春秋》："為親者諱"；內魯國而外他國，內中國而外夷狄。

(3) 為一種歷史觀點，如為垂訓而說謊。曾子："紂之不善，不如是之甚也。"

(4) 為修辭而說謊。如上引劉勰語。晉范寧："左氏艷而富，其失也誣。"王充："俗人好奇，不奇不聞也，故譽人不增其美，則聞者不快其意，毀人不增其惡，則聽者不愜於心。"

(5) 為崇德報功，阿諛或譭謗而說謊。《史通》論"曲筆"，謂史家"亦有事每憑虛，詞多烏有，或假人之美，藉為私惠，或誣人之惡，持報己讎。"

第二節　文字史料的可信程度

　　衡量史料的可信程度，並非要我們一味懷疑，史學中疑的目的實在是為達到信，"史學方法愈進步，由於我們越來越能把史料的可疑之點加以嚴格地鑒定，所以我們越來越能夠解決史料的可疑之點。至少我們可以定出一定的界限，在這個界限之內，史料所供給的知識多少可以把握，因此對於我們的了解歷史事實有用。……只要我們想到在正常有利的條件下（客觀的和主觀的條件下），成功地觀察和表達的百分比甚高，我們就可以免於懷疑了。"（Bernheim）

一、年鑒及編年史（annuals and chronicles）

　　正統觀念、民族觀念、宗教觀念等的影響：《春秋》；*Matthew Paris' Chronicles*（十三世紀）Anti-papal 古年代紀皆需重經鑒定，因時無批評之意識，一般知識亦大非今比。

　　梁啟超："宋神宗實錄，有日錄及朱墨本之兩種，因廷臣爭黨見，各自任意竄改，致同記一事，兩本或類相反，在清代的尤甚。清廷諱其開國時之穢德，數次自改實錄，實錄稿今入王氏《東華錄》者，乃乾隆間改本，與蔣氏《東華錄》歧異之處已甚多，然蔣氏所據，亦不過少改一次之本耳。"按：蔣本《東華錄》自太祖努爾哈赤至世宗雍正；王本續至穆宗同治；朱壽朋《東華續錄》為德宗光緒一朝。

二、傳記（Biography）

作者個人愛憎，與所根據之史料的真偽與可信程度。

朱彝尊《曝書亭集》史館上總裁第六書：“每見近時之論。其人而東林也，雖晚而從逆，必為之曲解。攻東林者，雖殉國之難，人所共知，終以為偽。”胡玉縉《四庫全書總目提要補正》《東林列傳》條下引。又魏收《魏書》亦犯“舉之能使上天，按之當使入地”之弊。

The “New Biography”（第一次世界大戰後）。

1. The “Debunking” Type：

以揭穿內幕和暴露真相為名把偉大的事業歸之卑下的動機。

Sometimes a half-truth may have the effect of a downright lie.（似是而非的說法可能造成完全的誣陷。）可舉李清照改嫁事為例，參看梁啟超《中國歷史研究法》，補編第二章 44-45 頁。

2. The Psychological Type：

The sources may say nothing about thoughts or emotions, the omission is supplied by the biographer with imagination. The result is a medley of fact and fiction.

Lytton Strachey: *Eminent Victorious Queen Victoria.*

3. The Psychoanalytic Type：

Sigmund Freud, Erik Erikson：“關於個人的發展，我們在二十世紀所獲得的知識，超過所有過去時代的總和。” “a new approach”，心理歷程與 complex。

文學家，藝術家和音樂家的作品，為作者心理狀態的表現，他們的愛和恨，願望與恐懼。以此方法用之於政治，影響到對一時代的公共生活的解釋，也就是對於整個歷史的解釋。Erikson：*Luther and Gandhi*, S. Freud & W. C. Bullitt, Thomas, Woodrow Wilson, *28th President of the U.S.A. Psychological study.*

"Complex" Ludwig's *Napoleon.*

戰爭與革命，不論是如何發生的，都解釋為心理上的一種 drive 的 aggression 的表現，把世界歷史從少數個人的心理根源，尤其是心理病態的根源尋求解釋，究竟不能完全令人滿意。

A usual feature of modern scholarly biography is more or less detailed indication of sources.（凡戕害事實，超越證據的範圍，皆非歷史家所取。）

三、回憶錄及自傳／自定年譜（Memoirs and Autobiography）容易致誤之因：

1. 依賴記憶的成分多；
2. 在作者個人複雜的心理之下工作出來的。其可信程度：
   (1) 如無相反的證據反證之，可以假定地相信（姑信之）；
   (2) 可與書札等互校之；
   (3) 可作一時代之時勢、風尚、習慣等之非正式的史料用，有親切之感。

四、日記

可貴處：當時當地當事人有關事實、聞見經驗與環境的記載。

但是，1. 仍有賴記憶補足的地方；2. 人最能自欺：因為自己不會揭穿自己的謊話。至於日記信妄的證明：與同時期其他史料互較。

日記有二型：1. 自省的；2. 事實的。

日記有三用：

1. 時代之非正式史料；

2. 傳記之史料：則內省的一型更有用；

3. 證史：細節可證大事、日期、人物動態等，有時可以證偽。Jonathan Carver 在他發表的旅行紀中，他曾溯 Mississippi 和 Minnesota 河探險，但保存在 British Museum 的他的日記，並無此事。

五、信札

1. 信札的使用價值：

（1）敍述同時代人與事，發信人、受信人、信件內容必有關同時代的人與事。

（2）作為非形式史料用：於不知不覺中記下了同時代風格、習慣、制度，表達此時代之思想觀點，等等。

（3）證史。至於其鑒定，除一般文字史料可信程度的鑒定的標準，即發信者本身為了自辯、推卸責任、自詡等原因而寫要考慮外：

a. 尚需注意受信人的觀點；

b. 信札通常皆有為自己辯護的性質，因為寫出來就是為了自己的事給受信人讀的。

2. 信札的類別：

（1）公開的（有意公開的）或私下的：私下的較公開的可信，

公開的有時為官樣文章的、宣傳的、表揚的、有廣告性質的、辯論性質的，但有時人在公開的信中不敢說謊，而在私下卻大膽說謊。

（2）私文書與公文書或外交文書：後者多保留的、官樣文章的、形式的；外交文書尤其多片面及撒賴。Edward A. Freeman：外交文書為"謊話的淵藪"。

外交文書的用途：

a. 政府對政府：只能作外交政策研究之用，謊話最多。

b. 外交代表報告：比較可靠，見出外交政策的內在的動機。但個人偏見與利益仍可能有影響，或求一項外交政策的實現；或為自己辯護。且後者也可能有公開的與私下之別。

六、新聞紙

1. 新聞：

新聞易於致誤之因：

（1）產生匆促；有的報紙，有聞必錄，不加鑒別選擇。

（2）求新穎第一，所有的報導為臨時性的，每日每日的。

（3）黨派、地域、國家營業，等等的立場；

（4）謊造新聞，因為新聞紙的公開的性質，效果大，成為謊言的淵藪：

a. 故意把謊言在報上發表；

b. 亦有不說話的謊言。

鑒定一般法則外，（1）新聞紙之政策，是純粹營業性的？政治性的？如是營業性的，偏重那類性質的新聞，商業或趣味性的，等等；（2）政治背景；（3）報紙歷史與信用；（4）特殊環境。

2. 社論的可信程度的鑒定：

與上同。

3. 廣告：

社會、經濟、文化生活之好材料。（如進化論譯著之見於民元前報紙。）自然，廣告只是廣告，不能信其表面價格（face value）。

七、宣傳品

宣傳之含義極廣，但總有灌輸一種觀念的用意，因此宣傳品或針對一個運動，或針對一樁事件，當提出一時代的主要問題（key problems）。

宣傳品的發佈本身也是一樁事實，譬如一件宣言（declaration）。

宣傳品終究是宣傳品：1. 必代表一立場；2. 必抑揚其辭，不能作為平正客觀的事實的資料應用。

八、銘刻

如甲骨、金文、碑誌，目的在表揚和紀念，故含有國家主義、家族主義、地域主義、種種自我表揚的成分，但因其為前代遺存的文字，又往往與某一特定的事件或人物有關，含有有關的基本事實的記載，小者如人名、地名，事件發生的年月，或人物生卒的年月等，所以可作文字學的、歷史的、政治、法律、經濟、社會、宗教等等的史料應用。在中國，今日自成專學，西方亦然。

第三節 傳說的可信程度

一、口頭傳說

1. **當時發生之事之口頭傳說**：

(1) 直接證人之報告，包括耳聞目接者或當事者。

(2) 間接證人之報告，惟由此可以溯至直接證人者。直接證人亦稱第一證人，一種傳說，凡第一證人明了者，此傳說可以接受（接受不必可信）。簡單的理由為"證人已明"。進一步可由證人以定其可信程度。

(3) 第一證人不知者：史源喪失，此類傳說不能輕易接受。誤傳與無稽之談，常屬於這類型，因此類報告：一、多關係陰私，或發生於極少數人之間，甚難證實；二、無節制的感情作用大：不知消息來源，而口耳相傳，"聽說，聽說"。

2. **古事之口頭傳說**：

此為嚴格意義中之傳說（tradition）。史源喪失，僅最後傳之我人證人明了，可能他自己也不清楚史源所自，但古史，在未有文字前，皆曾經過此傳說之階段。

古史傳說之三階段：

(1) 故事的複述：世代相傳。

（2）故事被賦以神聖的性質，由此而有風俗、習慣、宗教、政治制度和典禮的化成，在此階段有時與他地故事混合，時、地、人名改變。（從荷馬史詩、舊約聖經、中國經書中之傳說都可見。）

（3）以文字或形象藝術之形式加以固定。

二、傳說的鑒定

一件可信的傳說應具的條件：具備此等條件或與此等條件不抵觸者，大抵可信。

1. 一般條件：

（1）一系列不斷之證人：從第一證人下至告訴我的人，或把傳說用文字或形象藝術的形式固定下來的人，史源確定。

（2）若干獨立系列之證人，不同來源的證人作相同之證明。

（2）有考古學證據以證明者。

2. 特殊條件：

此項傳說：

（1）為多數人所知道者：一重要之公共事件（不易誤，誤而較易得校正）。

（2）有一段時期為人所共信者。（如建文帝死難事，明代隨時皆有人懷疑之。）

（3）於此段時期內無人否認之者；即令樂於否認之者亦然。

（4）於此傳說傳之時期，批評精神與批評工具已經發達，而無批評之否認之者。

（5）傳說本身所含之時期確定，此為構成傳說之事實的可能性（factual possibility）的基本條件，反之則為虛構。

三、傳說的可信程度

1. 形式的與非形式的史料。形式的，核心為真實史事；非形式的，傳說為風俗、習慣、宗教信仰、制度之反映。

2. 無文字人民之傳說有特殊史料價值。除了缺乏文字史料外，第一，記憶強；第二，以一種特殊語言保存之，不易改變，亦因此不發現其"層累"；第三，晚出的古史傳說大體不可信："層累地造成的古史"。（古人事跡越積越多，活動範圍越來越大，古史年代越來越遼遠。）

但大體言之，則文字記載有固定性，而傳說還是比較容易改變。文字史料的可貴在此。

傳說改變的結果，成為傳奇（legend），已經改變了的傳說或虛構的故事。

1. 傳奇之形成：

（1）虛構或演義：

（2）從傳說而為傳奇。因為傳說在流傳的過程中必然改變原來的面貌，所以在理論上可以有傳說（tradition）與傳奇（legend）之分，實際上實不可分。再者在理論上，傳說與文字記錄（written record）相對，只顧到其存在的形式，實際上文字記錄傳說，故二者亦不可分。

至於傳說之改變，可得而言者：

（1）誇張：人與事的理想化與神話化，孟子曰："堯舜不勝其美，桀紂不勝其惡"。使或然的成為確定的，使部局的擴大而為全體的。

（2）堆集：如黃帝與發明創制。

（3）混雜：張冠李戴。如臥龍岡（襄陽、南陽）；赤壁（嘉魚：真；黃岡：蘇軾《赤壁賦》）；董小宛（冒辟疆妻）與董鄂妃（順治妃）；聖經故事（挪亞方舟）與兩河流域之傳說。

（4）曲解：如《三國演義》，曹操、司馬懿。

2. 傳奇之直接史料價值：

傳奇之 historicity，核心之影射史事。如考古學對於傳奇之眾多證明。傳奇之間接史料價值：傳奇所產生的時代的風俗習慣、信仰、制度，等等。純粹傳奇（pure legend）與歷史傳奇（historical legend）二者皆可作非正式史料用。

3. 附寓言、小說與神話：

（1）寓言（fable）：寓言（知識與智慧）禽言獸語如《伊索寓言》；莊子如《逍遙遊》。

（2）小說（tale）：有情節，無一定之時、地、人。

（3）神話（myth）：自然神話以及民族、家族與個人之神化。

第四節　史料內容的求證

　　我們可以直接知道一椿歷史事實，但大部分我們所知道的歷史事實分析到最後，不過是各色各樣證人的報告，他們的印象傳達於我們而已。

一、證人

1. 直接證人：

　　最好自然是直接知識而又極願將此知識傳達於吾人之證人，如《約翰一書》所說："將我們所聽見，所看見，親眼看過，親手摸過的……傳給你們。"但一個極端忠實的人，因為知識缺乏，也可以報導錯誤。我們評定一個證人所傳遞給我們的知識的價值，因此衡度的標準為：

(1) 證人作為傳遞媒介之能力：

　　(在"史料內容失實的由來"曾經討論。)第一、證人感覺之正確度：視、聽、其他能力與習慣。第二、證人構成意象與使意象再現(喚起記憶)的能力與習慣。第三、證人表達意象之能力與習慣：言語、文字或其他。

　　a. 論感覺：其一，證人感官能力之健全程度：生理的與特殊訓練的(專業的)。其二，證人與被感覺之環境的關係：位置遠近、高下，證人所有之觀察上的便利，事件之繁簡，事件之發生是否在光天化日，環境是否不被紛擾。其三，事件本身對於證人之關係：興趣，利害，公開性。

b. 構成意象與使意象再現的能力：其一，證人之心智能力，與心智習慣：形成與產生正確意象之能力與習慣。其二，事件之是否可能為證人心智關係而被曲解者；大事件，公開性，一般性（如風俗習慣，經濟或社會情形比較不致被歪曲）。

c. 論到表達，包括語言，文字，與其他表達習慣，能力與向之問題，證人有遇事即作記載且正確記載之習慣否：有言之達意之能力否？報告本身在語言文字上是否明白確定而無自相抵觸者或不能自圓其說者？所報導之事與證人是否無利害關係之牽涉，因而不致受情感影響？或是否無外來因素或勢力之影響者？

(2) 證人的忠實性：

首先當然是證人的性格或信用及其所作證之報告有無瑕疵可資懷疑，而且僅僅消極地謂證人過去無說謊的記錄或證人所作報告在字面上無瑕可摘，尚不夠。

必須積極地證明：其一、證人於此事件不會說謊；其二、事件的環境不讓他說謊。

根據後面的兩點，可以相信，在一般的情形下，以下的作證是可信的作證，或者說具有可信的標準的作證。

a. 可信的標準：

其一，為對於證人說謊無益，說真無害之作證。

其二，為說謊者有害，說真有益之作證，報紙之報導新聞，除了應有的警戒和保留外，我們是在下述的理由上相信它：為了報紙的信用，說謊有害，說真有益。

其三，與人以一種誠實、坦白、大公無私，近似宗教心的感覺之作證，相信其 sincerity。

其四，作證係公開者：公開性防止說謊。（以上各項自都有例外，例如公開性，亦有最厚顏大膽之人，專在公開場合說謊。）司馬溫公《文中子補傳》，《四庫總目提要辯證》，子一，559 頁："今其六經皆亡，而《中說》猶存，……予觀其書，竊疑唐室既興，凝與福峙輩並依時事從而附益之也，何則？其所稱朋友門人，皆隋唐之際將相名臣，……考及舊史，無一人語及通名者，……豈諸公皆忌師棄舊之人乎！"（王凝，王通之兄）

（新聞廣告為最好之一例。）不過無論如何，得到校正機會多。

其五，為對證人自身不利之作證，如法庭認罪，梁任公說他記戊戌事不免將真跡放大，亦有損己利人，如 *Lady Windermere's Fan* 所構想，或損人不利己（損己以損人）者，或被收買者，此則難說矣，只能作為例外。且何者為有利，何者為不利，亦難說（St. Bartholomews' Day, Aug. 23-24, 1572, Charles IX），有外部證據最好。

其六，為對證人無利害關係之作證：所作證與證人之社會關係無牽涉者：家 —— 友朋 —— 國體 —— 黨 —— 階級 —— 地域 —— 國（不僅應注意大團體，亦應注意大團體中之小團體）。

其七，誣妄之作證足以招致報復或懲罰者（法庭之懲罰偽證）。

b. 可疑之標準：可信亦可妄，可是亦可非。

其一，"an air of sincerity" 或 "an impression of truth"，貌似誠摯，而發現其言有不可信者。當然每種情形都可以有例外，而且有的情形可能在是非疑似之間，難以下判斷。

其二，"Fullness and particularity of detail"，細節之詳盡，異

乎尋常，乃是為證人不可能知之如是者。

2. 間接證人：

（1）可信之標準：凡適用於直接證人之所有標準。

（2）證人之性格：是否誠實的，有批評精神的，或盲目的，乃至不忠實的傳達直接證人的報導。

（3）是否有傳達之能力與志願。

（4）如有一系列之間接證人；每人皆須如上之鑒定，因為每一link 足以影響到最後的作證。

二、證據

1. 孤證：

（1）原則上不取孤證為判斷之根據。

（2）事實上常不能用孤證：如只有孤證，兩種情形允許用孤證：第一、無證據反證證人之作證者。第二、證人具有產生可資信賴之作證之條件者，如對於所作證之事之熟稔的程度。用據某家言如是如是之表達方式。

2. 佐證：

用於所作證的事實之可能與不可能之判斷。

（1）邏輯的可能與不可能（合理的與不合理的，必須藉邏輯之可能或不可能來判斷（Purely logical），尤其於 on conflicting testimonies 之情形，如 logically 不可能或不合理，有特殊原因否。《漢書》〈藝文志〉孔安國獻尚書事。《漢書》〈藝文志〉，孔安國獻尚書事。《漢書》〈藝文志〉："武帝末，魯共王壞孔子宅，……得古文尚書，…………孔安國獻之，遭巫蠱事，未列於學官。"

《史記》〈孔子世家〉："安國為今皇帝博士，至臨淮太守，蚤卒。"

巫蠱事發，在漢武帝征和二年（90B.C.），《史記》紀年"至太初而訖"，太初四年（101B.C.）（安國如早卒，必早在此前）。

閻若璩："信《史記》早卒，則《漢書》之獻書，必非安國；信《漢書》獻書，則《史記》之安國必非早卒。"

荀悅《漢紀》："魯共王壞孔子宅，得《古文尚書》，武帝時，孔安國家獻之，會巫蠱事，未之於學官。"

（2）物理的可能與不可能（物理的自然限制）：王充《論衡》〈書虛〉篇：顏淵與孔子在泰山望閶門白馬，"顏淵髮白齒落"。董小宛與董鄂妃。小宛死於順治八年（1651年），年28；明崇禎十二年（1639年），順治生；小宛死時，順治13歲。

（3）倫理的可能與不可能：Charles IX 與 St. Bartholowero's Day。《後漢書》鄭玄傳戒子書"不為父母昆弟所容"。阮元《小滄浪筆談》，言其在山東學政任內，於玄墓地積沙中發現金承安五年重刻唐碑"為父母昆弟所容，去廝役之吏，遊學周秦之都。"

佐證之應用：

（1）考察事實本身的可能性：事實本身在邏輯上是還可能，不可能棄之，如證據矛盾，應聲明為 on conflicting testimonies，如可能，此"可能"只是必需的條件（在證明上為必須的），然非謂證明上為已足，證明某事實可能發生，不是已發生或如何發生。

（2）考察其物理的與倫理的是否可能，可能造成證人所作證之事件否？

Intrinsic or extrinsic probability：即有內在或外在的理由，可使此事件違背 natural or moral law 否？（或然，有內在或外在之理

由，解釋其有違背以上之法則而有發生之或然者。）

　　如事實既經證明確定無疑，則因佐證不足而生之懷疑亦只能放棄，因人有其自由意志可能為越乎常情之事，而人事與自然現象亦尚有我人未曾了解者。

　　3. 會證：

　　(1) 環境的證明：有如刑事案件發生之現場。

　　a. "Circumstances cannot lie" "Witnesses can and do"（　此尤在用於刑事審判者為然）。But circumstances can lie and do. Moreover they may be dumb, 'inarticulate', what meaning they leave is more frequently that we attach to them.

　　b. The Principle of "Sufficient Reason"，集證 (cumulation) "其所以如此，使我們有充分的理由，相信事實是真的"，但用於人證，要防眾口鑠金。

　　(2) 遺物的證明：（包括現存落後部落或社會；又語言、風俗、習慣、傳統。）

　　a. 就遺物本身說，相當 dumb，需要我們的解釋。

　　b. Informal，本身不說謊。

　　c. Collectively，證據為數愈多愈好，集合眾多的證據，可以證明一樁事實，或說明一種情形。

　　d. 其效力仍為 "sufficient reason"。

　　(3) 形式的史料的合證 (formal)，亦即文字史料的作證。

　　a. 有兩種以上的文字史料作同一的證明，如各該史料相互獨立，則構成會證，所以我們需以分析證明作證的史料之為獨立的或非獨立的，不獨立不能成其為會證（Garraghan, 308 頁）（《史通》論司馬遷自序）。

b. 形式史料的會證的效力：邏輯上可同是而甚難同"非"的原則，欺罔與錯誤皆然，因此如有兩種或更多文字史料作同一證明，我們有 sufficient reason，相信其所作證者為真實的事實。（因此：第一、會證之本身為一種力量。第二、獨立證人愈多愈好。第三、細節之出入不必影響大體之可信。）

（4）形式史料與遺物的會證：有形式史料與遺物作同一的證明，亦可構成會證。

a. 以遺物證形式史料的：對於文字史料的孤證尤有價值，因可支持孤證之效力故也。亦最有用於對於傳奇之證明，因為傳奇往往是在事件發生很久之後，才以文字寫定，與神話雜糅，而遺物則證明傳奇所含有的史實。Troy Knossos，殷墟之發掘是，考古發掘或實地考察時於傳奇的證明。

b. 以形式史料證遺物的，遺物多少 dumb，遺物而無形式史料的會證，其作證只有經過我們的解釋，而且通常只能作一般性的解釋、缺乏 factuality（事實性），不能說出一椿事件、形式史料為其作證，令其發言，並使產生更豐富的也更確定的意義。

地名之應用，（有時有遺物之價值，宋皇台、九龍、衙前圍道、界限街、新界。）Castra（Camp, Latin）and Chester（town）burg（Saxon）。

4. 證據矛盾（Conflicting Testimony）：

（1）當所有矛盾的證據都只作蓋然的證明時，衡度 the degree of probability，如相反兩方之蓋然性相等，無法決定，對於有關事件之歷史性，只有羅列證據，不予判斷。

（2）確定證據否定蓋然之證據。

（3）如矛盾雙方證據不止一種，應檢查其各自之獨立性。

（4）有特殊立場者，不如中立者。

（5）如同一證人而於不同場合對於同一事件予以不同之作證者，應視作證之環境而下判斷。

（6）兩種或兩種以上的報告，如主要部分一致，細節不合可略而不論。反之，對於報告的可靠性有懷疑者，則細節不合，適足證明其不可信，為非誠實的作證，為謊言（法庭的 Cross examination 就專找這種漏洞，兩個串通了說謊的證人，常因此而被拆穿）。Garraghan, 313 頁；De Smedt 論 *Conflicting Testimony* 也有證據矛盾；然所作證者可能並非一事，或者由於其他特殊原因者，並不因矛自而使證據喪失效力：

Caesar（d. 44B.C.）：The Germans 無私有財產制度。（commentaries）

Tacitus：有。（Germance）

Fustel de Conlanges 解釋：Caesar & Tacitus 所見之方面不同，時間亦有先後之別。

（7）無法判斷時不斷判。John Adams & Jefferson：對於獨立宣言之起草說法不一。

5. 無言之證（The argument from silence）：或稱否定的證明或消極的證明（negative argument）。

某事如屬實，則應見於其同時代或稍後時代之文字記載，故某事當不實。從舊志不著錄，前人未徵引，而知其偽。無言之證之有效應用，需滿足以下二條件：

（1）如某事屬實，則所引為無言之證之史料，其製作者當知悉此事。

（2）蓋然，於當時之情形下，彼亦必當道及此事。

前一條件亦意謂該事件應具有相當程度的重要性，容易知道，必然會直接或間接引起被引為無言之證之史料製作者之注意。

後一條件意謂，苟不提此事實，則於被引為無言之證之史料製作者無益或乃至不利。如或影響其聲譽誠實、公正、學識，或人格之聲譽；或於其家族、政黨、教派有害。或反之，於其敵人有利。

無言之證之應用：

(1) 用於證史事：non-reality of an alleged fact（梁啟超《中國歷史研究法》66—67 頁）梁書論"消極性質的史料"："後代極普通之事象，何故前代竟未見或無人道及；前代極普通之事象，何逾時乃忽然不見，其間往往會有歷史上極重大之意義。……此可謂以無史料為史料也。"（經本人改過）Lyon was not mentioned by Caesar。

(2) 用於證史料：證明一種史料之缺乏作證的價值。

從舊志不著錄而定其偽或可疑：

劉歆校中秘書，著於七略，班固據以著《漢書》〈藝文志〉。凡三代先秦之書，不見漢"志"，而數百年後忽見者，非偽即可疑，汲冢書（晉時在汲郡魏襄王冢發現者）為唯一之例外。

子夏易傳，漢志無，忽見《隋書》〈經籍志〉。

子夏詩傳，漢、隋志興宋《崇文總目》（王堯臣）皆無，明末忽見。

偽古文尚書，孔安國傳、漢"志"、史漢列傳皆無，東漢末，馬融、鄭玄、晉初杜預皆未見，而東晉忽見（梅賾）。

又 *The Donation of Constantine* (9th C. 出現), and other documents constituting the so-called, *False. Decretals* (偽教令集) are shown to be spurious from the absence of any reference to them for centuries following their supposed dates of production.

Cautious in the use of the argument from silence：

a. poor means of communication in earlier times. St. Augustine of Hippo (d. 430) was uniformed of the writings of Athanasins (d. 373)

b. different standards in the selection of data 清代官書忌諱。

Conclusion：

Authenticity：真偽。

Integrity：正誤（是否為原來面目）。

Credibility：信妄。

真的史料並不一定正確無誤，因為它可能腐化（corrupted），污損了或因傳鈔傳刻造成錯誤；它也不一定可信，因為它的製作者可能知識不足，可能言不達意，也可能有意欺罔。反之，偽的史料不一定沒有作證的價值，中國傳統的校讎學家，就有主張偽書不可盡棄的。偽史料亦可作匿名史料用，馮友蘭《中國哲學史》舉楊朱例。但是在我們史料鑒定工作中，我們的目的是要辨別史料的真偽，恢復史料的原來面目，和確定史料的可信程度。

第五章

史料的解釋

史料經過解釋，其意義始確定。

解釋文字史料，求其有致、正確，必需有適當的門徑（approaches）。四項法則：

第一，從字面入手。

第二，從辨別史料製作者著作的對象和所用的文體入手。

第三，從辨別史料製作者的性格和心理入手。

第四，從史料文字所含的內容入手。

第一節　史料文字的字面的解釋

史料文字的字面的解釋，便是所謂“讀書必先識字”，不僅需要通史料所用的一種文字，而且需要通這種文字在該史料產生時的特別用法。字面的解釋包括：

1. 從字義辭義解釋：

字有字義，辭有辭義，但同一的字或辭，也可以因用法的不同而意義迥殊，任何一種語言文字都有。

（1）常用的字彙與辭彙。

（2）慣用語。

（3）古文，方言和土語。

（4）史料製作者的慣用語。

《論語》：“余有亂臣十人。”（亂，治也。）

讀中國古文，如清代樸學家的主張，需要通文字、聲音、故訓之學，便是讀比較晚近的文字，不知文字的特殊用法，也可以致誤。陳垣校沈（家本）刻《元典章》。歸納沈刻因為不知元代用字誤例五條（《校勘學釋例》）。

2. 從文字（或語法）與引文解釋：

集字與辭而成句，解釋文句的涵義，不是草草認識字或辭已經足夠，而是要了解文句和篇章的結構，所謂行文：

（1）文法的行文：按照文法的規則結合字或辭解釋時，也就是按照文法規則辨別字或辭在句中的關係，以得到文句的涵義。

(2) 篇章的行文：集文句而成篇章，篇章有篇章的涵義，由不同文句的上下行文表達，一句文句的正確完全的意義，唯有視上下文句的行文和全篇的涵義，才能解釋，反之，斷章取義，則有害本義，陳垣"因不知元代用語而誤"例六條。

3. 以本文解本文或以時代接近之文解本文：

以本文與同史料中相似的章句，或史料製作者，本人或其他時代相近之著作相互參校，使文中過於簡章的隱喻或陳述，意義顯露。

4. 參照翻譯文字：

翻譯自然難以完全地正確地表達原文，而且是多誤譯，所以我們應用史料如有原文可用，則不用譯文，但若文字，尤其時代較古的，如有譯文，也能幫助我們解釋。

5. 求教文字、語言專家：

凡意義不明之章節，應由專門學者解釋，求其明白無疑。

以上所說史料文字解釋的方法，如以讀中國古書言，則校勘學所用的方法，如參覈本書注疏，檢驗古注、類書，作證關係書等，都有助於文字的解釋。

第二節　史料文字的修辭的解釋

所以要有所謂修辭的解釋，基於兩重考慮：

第一，史料製作者著作的目的，因著作目的不同，而遣詞用字與文氣、語式可能不同。

第二，史料文字的文學的形式，因所取文學形式不同。

理論上史料製作者的目的乃在傳遞有關一樁歷史事實的報導，但可能他尚有其他目的影響報導的方式，在我們現在的討論中，亦即史料文字，譬如說史料製作者可能還有意要娛樂他的讀者，或意在提出一種主張，或作一種道德的教訓，或意在宣傳，影響讀者的觀感，凡此都可以影響文字的措辭或修辭。史料文字的解釋之需要辨別史料製作的目的，為此，辨別史料製作的目的，最基本的區分便是問一種史料，它是嚴格的報導性的史料，或非嚴格的報導性的史料。

凡屬嚴格的報導性的史料，我們曾屢次講到如何就史料製作者與史事的關係以判斷它的史料價值。但純粹就文字言，尚有文字表達的問題，略去有意的欺罔不論，他可能言不達意，也可能言之過甚，他所用的字彙和辭彙中一部分可能是傳統的公式，所謂官樣文章，不具意義。《文史通義》〈說林篇〉："諸子百家，悖於理而傳者有之矣，未有鄙於辭而傳者也。"鄙於辭是說辭不達意，"悖於理"則可能就是不切實，言之過甚。《史通》〈浮約〉篇謂"近代作者溺於煩富，則有發言失中，加字不愜，遂令後之覽者，難於取信。"也是說言之過甚。又《史通》〈因習〉篇，"蓋聞三王各異禮，五帝不同樂，故傳稱因俗，易貴隨時，況史書者，紀事之言耳，夫事有貿遷，而言無變革，此所謂膠柱而調瑟，刻船以求劍也。"這是說，因習之為害。其結果必使文字成為公式。（其結果必將如同書〈敍事〉篇所說"論逆臣則呼為問鼎，稱臣寇則目以長鯨，邦國初基，皆云草昧；帝王化跡，必號龍飛"，文字成為公式。）我們解釋史料文字，必須顧及所有這種因素，纔能獲得史料文字所含的真實的內容。不過，大體說，那末一個有適當的文字表達能力的人，對於一樁歷史事件有獲得知識的體會，在該事件發生當時或發生不久的時候所作的記載，沒有可見的理由可以懷疑他的誠實，這類記載應當視為可信，只待我們用適當的途徑加以解釋。

至於非嚴格的報導性的史料，大體與我們講史料的分類時所說的文字史料之屬於非形式史料相近：如像詩歌小說、戲劇，包括史詩、歷史小說、歷史劇，是文學，文學有它的取材結構和描寫，它可以反映一個時代的思想、意識和生活狀況，它也可以取材於歷史事件，因而含有歷史的成分，然而，它所敍述的不全是事實的敍述，乃至不是事實的敍述。文學使讀者感覺一個時代的氣氛（atmosphere）和精神，可能比任何一種事實的陳述更親切、更深入，西方當代的學校歷史教本，每一章後的指定參考書中，都列有幾種文學著作，如詩歌、小說戲劇之類，就是為此；中國的明清社會小說等等，同樣有極高的史料價值，但是不必說我們在解釋這類文學史料時，不能取它們的字面的陳述。

文學，首先是要引起它的聽眾或讀者的美感（esthetic pleasure），要給予他們心智上或感情上的享受，要喚起他們在思想上或感情上的共鳴，所以文學家自古以來就有一種可以說被默許的特權，他可以改編事實，放大局部的細節，顛倒時日的次序，增加虛構的情節和描寫，應用比興（metaphors）或動人的警語，誇張人物的性格和言行，等等。劉知幾《史通》〈敘事〉篇："昔文章既作，比興由生，鳥獸以媲賢愚，草木以方男女，詩人騷客，言之備矣。洎乎中代，其體稍殊，或擬人必以其倫，或述事多比於古，……持彼往事，因為今說，置於文章則可，施於簡冊則否矣。……其立，言也，或虛加練飾，輕事雕彩；或體兼賦頌，詞類俳優。"他之所述失實。我們要嚴格區別這種非嚴格的報導性的史料，便是在解釋時，我們需要透過字面的意義，來獲得在字面之下所含有的歷史的真實，或是對於文字之主要屬於技巧性質的，也就是修辭性質的，在解釋時加以提防和限制。再如公私文書，關係一代的時事，而且在公私文書中可能就有我們所要知道的有關事件的陳述，但公私文書產生時各有特殊的目的，可能使它附於事件的陳述失之偏頗。英國在宗教改革時期，封閉修道院，事前經過視察，稱為 visitations，國會則根據 visitations 的報告立法，當時報告集中攻擊修道院的惡德敗行，（*Cambridge Modern History*, II, 444 頁）由此可見，當時的 visitations 的報告不完全是事實，通過的法案中說明這次立法的由來，也不完全是事實，因為中世晚期教會的修道院風氣敗壞，雖是事實，Henry VIII 派遣人員視察修道院也是事實，視察者向王家政府提出報告也是事實，但在文字上，對於這次調查結果的陳述則失實，此之謂羅織。羅織在中外歷史中數見不鮮。秦檜以莫須有三字陷害岳飛，是一個極好的例子。所以這一類史料含有史實，但同樣不能取它們的字面的陳述，總起來就是說，史料文字因為產生時的目的不同，而修辭和所作的陳述不同，我們要獲得史料文字所含的真實的內容，必須透過史料文字因特殊的修辭和陳述所造成的面貌，以見事實的真相。

（其次論到非嚴格的報導性的史料文字的文學形式，有詩歌、戲劇、小說，有法庭中的陳述；有頌辭和追悼辭；有講演辭；有外交聲明和條約文字；有公私文書，各種不同的文學形式各有特別的辭彙和陳述法，有完全不具意義的 formalities，我們稱之為公式或程式。這在我們講史料的內容鑒定，討論文字史料的可信程度時，已經講過，這裏從略。）

第三節　史料文字的心理的解釋

在於從了解史料製作者的心理狀態，以發現他是以何種觀點觀察事實，以及在何種心理狀態下產生他的報導。中國傳說史學的論史德與史識，主要也就是論史料製作時的心理問題，如《文史通義》〈史德〉篇稱"魏收之矯誣，沈約之陰惡"便是，《文史通義》〈文德〉篇有一段很好的話，也足以說明這一道理，所論，當然皆甚簡單，原因是心理學乃起於近代西方的一門學問。大體從心理學的觀點解釋史料文字，需要了解有關心理生活的法則：有一般性的法則。在正常的情形下適用於一般人的心理和情緒生活；有特殊的法則，適用於特殊的史料製作者個人。

所謂一般性的法則，主要着眼於所謂觀念的聯合（association of ideas）和情緒反應（emotional reactions）。所謂觀念的聯合，是說某一觀念，由於它與另一觀念的自然的聯繫，當發生時，必然喚起另一觀念的聯想。這種觀念與觀念之間的自然聯繫不一，有類同（similarity）、對比（contrast）、因與果（cause and effect）、時空關係（connection in time and space）等等。實例如父母、兒女、生死、榮辱、戰爭與和平、革命與破壞等等。觀念的聯合是心智活動，而和心智活動的進行同時，必然聯帶有情緒的活動發生，所謂情緒的反應，最常見的至少有喜、怒、哀、樂、愛、惡、欲（七情）等等。這種種觀念的聯想或情緒的反應，都足以影響一個人對於事件的感覺、了解、和陳述。（例如從菊花聯想到陶淵明。）

但在史料文字的解釋上，我們更着重特殊性的法則，決定一個史料製作者個人的心理反應的因素——內在的與外在的因素。凡足以因影響史料製作者個人的心理反應，而影響製作者個人對於事實的觀察了解和表達的因素，有：

1. 出身、境遇、年齡和經歷：

所有這些因素，對於一個人的思想、情感、觀點、表達的方法與態度，都有影響，從而影響他對於事的看法和文字著作。論出身，不知稼穡之艱難的人，如晉惠帝會在天下荒亂、百姓餓死之時，問人："何不食肉糜？"論環境，自然的、社會的、政治的、宗教的，或經濟的，都有影響於個人的心理狀態，"鄉巴佬頭腦"；說某人"飽經世故"，說某人為"初生犢兒""市儈氣鬼""世故老人""仁者樂山""智者樂水"，近代尚有階級意識，情緒學等說法。

2. 文化背景：

一個時代的文化生活，反映於一個時代的文字著作，所以解釋一種史料文字，對於這種文字產生的一般的文化狀況，必須了解。理由是很明白的，因為任何一個從事文字著作的人，必須在他所生存的文化環境中受心智上的陶冶，包括教育知識背景、興趣、生活經驗與人生觀；加上他個人的天賦的心智能力，構成他的 cultural formation。

《文史通義》〈史德〉篇："昔者陳壽《三國志》，紀魏而傳吳蜀；習鑿齒為《漢晉春秋》，正其統矣；司馬《通鑑》，仍陳氏之說；朱子《綱目》，又起而正之。是非之心，人皆有之，不應陳誤於先，而司馬再誤於後；而習氏與朱之識力，偏居於優也。……陳氏生於西晉，司馬生於北宋，苟黜曹魏之禪讓，將置君父於何地，而習與朱子，則固江東南渡之人也，唯恐中原之爭天統也。諸賢易地則皆然，未必識遜今之學究也。是則不知古人之世，不可妄論古人文辭也；知其世矣，不知古人之身處，亦不可以遽論其文也。"

3. 史料製作者先決的與後天的性格。

對於一種史料文字的解釋，而違背製作者的已知的性格的，為史學所不取。"魏收之矯誣，沈約之陰險，讀其書，先不信其人。"（《文史通義》〈史德〉）

4. 著作的對象，給誰讀的。

例如《馬太福音》（Matthew）的對象是巴勒斯坦的奉基督教的猶太人；《馬可福音》（Mark）的對象是羅馬的未奉基督教者；

Titus Livius：使羅馬人感覺羅馬過去歷史的光榮；中國的《資治通鑒》是給皇帝讀的。

以上是說，一個史料製作者，在他的生活中可能有若干因素，足以影響到他的心理反應，因此影響到他對於事實的觀察，了解和表達，在我們解釋史料文字之時，凡此可能的心理的影響，應該計算在內。

Lorenzo Sears 論文學批評："了解作者所處時代的特色，等於了解了一個天才作者的著作和思想一半，一個常人的著作和思想的全部"。

第四節　史料文字的內容的解釋

　　有如假設（hypothesis），為求說明一椿已知的事實，根據不夠充分的證據，而作的假定性的解釋。

　　在講解假設時，曾指出假設於一般科學研究中的重要性，和史學研究中的重要性，凡過去所有在解釋假設時所作的說明，於此都能適用。

　　史料文字的內容的解釋之不同於字面的解釋，乃是在它所解釋的不是文字，而是文字所含有的內容，其目的是要發現內容所含事實（或集體事實）的形象與意義，事實與事實之間的關係，尤其如前因與後果，等等。（Sir John Fortescue 說，"要是一個歷史學者而不解釋歷史，他不過是一個 chronologist"。）

　　第一，任何歷史事實缺乏一個簡單明了的 image（形象）來把握它，表達它，此一事實為尚未明了的。史料文字的內容的解釋工作，便是要為史料內容所含的事實產生一個明晰而容易認識的形象。章學誠論記事本末體之長，謂："文省於紀傳，事豁於編年。"此之謂豁，亦即使在史料中本來形象未著之史事，顯露其形象耳。

　　而經解釋後事實所呈現的形象必須符合各自的歷史背景，顧到事實的 histority，使不至於以今釋古。（陳壽、習鑿齒、司馬光、朱熹例。）

　　第二，辨識事實的歷史的意義，因為歷史事實如其歷史意義不明，這一事實也是尚未明了的；解釋事實的意義，也必須藉助歷史背景，使解釋更加明白充分。再者，史料文字的內容記載史事，但可能對於與史事的前因後果有關的因素語焉不詳，或乃至未曾提及；明了事實發生時的歷史背景，可以多少補此不足。大抵我們對於一種史料所報導的事實發生的時間與空間的環境了解愈多，則我們對於這一史料的內容也了解愈多；易言之，對於這一史料內容所報導的事實也了解愈多，愈能多辨識其意義。

例如：公元 800 年 Charlemagne 加冕，歷史家的解釋有：

1. 公教的西方與正教的東方的分離。

2. 羅馬帝國觀念的持續。

3. 教廷與 Frank 王國的提攜的增進，教廷的欲得 Charlemagne 為重。

4. Charlemagne 的雄心與屬下的希意承旨。

第三，為史料內容所含的事實發現，或嘗試解釋其所以然之故。

史料文字的內容的解釋為史料文字解釋工作的最後一步，無論字面的解釋、修辭的解釋，或心理的解釋，其最後的目的皆在史料文字所含有的事實的解釋。

十九世紀中葉以來，由 Ranke 所說的歷史著作應該求 to reconstruct the past "as it actually was" 而史家有 "let the facts speak for themselves" 的主張；這主張自然符合歷史的客觀的理想，只要我們正確的說出事實，事實的真相就會明白，無需我們解釋，而且我們的解釋還有偏於主觀的危險。但 Jacques Barzun 卻說，the facts never "speak for themselves"，因為事實，當我們在史料文字中發現它們時，往往形象不具、意義不明、本末不全，而且混亂錯雜，它們必須經過選擇、整理、連結和說明。凡此皆須經過歷史學者們的判斷，因此都不能沒有解釋。再則，事實有時需要說明原因，這是解釋；有時需要概括，這是解釋；有時需要衡以常情常理，所謂 general truths，這是解釋；有時需要參證心理、經濟，或社會法則，這是解釋。

Albert J. Beveridge（美）："事實經過恰當的排列，就自己有了解釋，（因為）它們說明了故事。"批評他的人說，所謂適當排列，已經包含了個人判斷，因此也包含了解釋。如果讓事實自作安排，至多只能有時間先後的安排，不能說已經達到了適當的安排，所以當我們提到安排時，我們已經涉及了解釋。

Carl L. Becker（美）則說，歷史學者應"確定事實當然永久是對的，是歷史學者的首一要務。但要說一旦事實確定，事實便能解釋自己，則屬幻想，可能這是上一世紀歷史學者所持有的幻想，他們在 scientific 這個字上發現了特殊的魔術的力量？"

因此，歷史學者的建立歷史知識必然需要雙重的工作：確立事實和予以解釋。一個實際可以遵循的標準是：敍述事實，多敍述能適當而滿意的表達事實時，避免另作解釋，而在需要解釋時，也務使解釋不超越證據的範圍。

第六章

史事的綜合

第一節　史事的外部的綜合

從史料的排比來說，是材料的組織；從史料內容的排比來說，是史事的綜合。史事的外部的綜合（最自然的史事的綜合）有：

1. 時間的綜合：參閱第一章第三節史學的輔助學科：年代學；第二章第四節史料蒐集的技術的輔助。

2. 空間的綜合：也是最自然的史事的綜合，按不同的國家或區域，為材料分類；在每一類中，再按年代先後，排列材料，使材料產生組織和條理。

3. 事類的綜合：以事類為綱目，將材料按不同的性質，分門別類，歸入綱目之下，如政治、經濟、社會、宗教、文化，或個別的事件，或歷史人物，在每一目下，另作時間和空間的排列。

事實上，當我們組織材料，為史事作外部的綜合時，除非我們的目的只在編一種原始的編年史（chronicle），不然這三種綜合的方式往往需要同時應用，而且並行不悖。以寫一部香港中文大學的校史為例：緣起，創校，校舍的興建，院系的設立與演變，學生人數的增加，出版，研究與其他學術事業；而在每一題目或院系部門之下，再按時間的程序敍述。

不過，說來雖如此簡單，但在實際工作時，如何使材料獲得最有效、最恰當的組織或綜合，是史學著作的最重要也最困難的工作之一，除了我們所能說明的這三種基本的方式之外，如何運用這種方式使史事的綜合達到滿意的成功，達到所謂連貫統一（consistent unity），則在乎歷史學者的明智（intelligence），非言語所能形容。陸機所謂"至於操斧伐柯，雖取則不遠，若夫隨手之變，良難以辭逮。"最後除了統一之外，在這項工作中，還必須滿足的要求，要條理清楚。這樣在最後從事著作時才能順理成章。要內容具足，這樣在最後著作時才不會因有缺陷，而踟躕不前；要有重心，有緊要關鍵（points）之處，這樣在最後著作時乃能如陸機《文賦》所謂"立片言而居要，乃一篇之警策；雖眾辭之有條，必待茲而效績。"

　　組織材料，為史事作外部的綜合，這項工作其實也就是為以後的著作擬定綱目的工作，怎樣能使這項工作成功固然是"輪扁所不得言"（陸機），但有一項訓練對於初學者十分寶貴，那就是細心考察，比較成功的學術著作和標準著作的綱目，看高明和成熟的學者如何處理材料，編配材料，從形相不具的史料綜合史事，使它具有形相，為它疏通條理，披露要點，產生意義，可能同樣的材料在不同的學者的處理下有不同的綜合的形式，這樣我們自然更能窺見各自的匠心，而從他們獲得益處。

第二節　史事的內部的綜合

　　關於史事的綜合，僅僅循時間或事類等外部的秩序以排列和組織，是不夠的。史事的外部綜合工作，多少還只是表面的、機械的工作，必需有內部的綜合工作來補足它，史事的綜合才告完成。

　　史事的內部的綜合，主要着眼於史事的各部分，或不同事實之間的邏輯關係，它們之間的因果的關係。邏輯上的所謂有效的原因，是指因它的作用而產生某一結果。在歷史中，causality 着眼於史事的不同部分或不同史事之間的因與果的關係，我們說事必有因，我們說知道某事的由來。或是他們之間的互為條件的關係，或對於全體的、一般性的歸納（概括），是有機的關係。因為史事的內部的綜合工作，不像外部的綜合工作還有時間、空間、事類等秩序可以依據，當然更是"隨手之變，難以辭逮"了。好在我們的心智（intelligence），經過從幼小以來對於世事的經驗和所受的思考的訓練，在我們從事工作時自自然然地就發生綜合的作用，在我們不知不覺之中進行我們的工作之中的可能最微妙的部分，也因此何以天才乃高人一等。

　　史事的內部的綜合，着眼於史事各部分的關係，或不同事實之間的關係，其所以稱為內部的，因為不像外部的綜合之有本身以外的因素，如時間、空間或事類（categories），來作標準，來從事組織史事。

史事的關係可以因果、條件一般性的歸納等方式表達之。歷史學者的一樁工作，就是要使本來隱晦的史事各部分或不同事實之間的關係，顯露出來。

一、史事的因果關係

　　哲學之論因果關係，追究事物的 ultimate causes，這不是一個歷史學者的分內之事，歷史學者所要追究的用哲學的辭彙來說，是事物的 secondary causes，對於一樁史事直接或間接發生影響的因素。史學著作而論究歷史的 ultimate causes，便成了歷史哲學。

　　至於論到因果關係，所謂因（cause），又有所謂遠因（remote cause）和近因（proximate cause）。例如法國大革命，其近因是 1789 年 the Estate-General 在 Versailles 集會。遠因則是：政治專制；宮廷與貴族階級的窮奢極欲；財政的困窘；人民生活的困苦；教會與貴族的特權；the Enlightenment 對於舊制度的攻擊，等等。*The Establishment of Roman Empire*：近因：Caesar 與 Octavius 的事業。遠因：共和政治的破壞與軍事專制的形成，其間有一連串社會、經濟和政治的原因。

　　由此再可分出幾種情形：

　　1. 歷史學者的論究史事的因果關係，一種情形是對於一已確知之事實（或事實已確知的部分），根據所可能獲得之證據，假定其與另一不甚確知之事實（或事實不甚知的部分）之因果的關係。例如我們考察一處顯然遭火焚毀的遺址，我們可以嘗試追究起火的原因，是否為雷電所擊？為敵人或強徒所縱火？為地震引起？或為炮彈或炸彈所擊中？我們是否能發現該遺址四週有受雷電擊傷痕跡，有焚燒前動武的痕跡或乃至被殺傷者的遺骸，地殼的變化，或破碎的彈殼。

2. 另一種情形是為史事發生起因，對歷史人物個人的行為來說，亦即所謂動機，使歷史人物在某一歷史事件中發生某一行為，可能史事的動機已經有文字記載，但在大多數情形中，需要歷史學者去推測和發現。在這裏，歷史學者所可以取為根據的大抵：(1) 規範常人行為的 general laws；(2) 歷史人物的已知的性格；(3) 他在過去相似的情形中所發生的行為等等。由此所得的結論，大抵歷史人物愈近於常人，則愈有效。因為大多數人平常總願遵循常軌，所以第一種根據有效；而個人行事，往往為習性所左右，所謂江山易改，本性難移，所以第二和第三種根據有效。反之，歷史人物，愈是非常人，則凡此根據的效力愈低。

3. 第三種情形是有兩樁或兩樁以上的事實同時或先後發生，研究其可能的因果關係。這在解釋歷史上最常見，在歷史上，對於有的大事件的因果的討論，幾乎無休無止（在西洋史中，如羅馬帝國的衰亡、宗教革命、法國革命、第一次世界大戰等）。因果關係因不是物理事實可以感官來感覺，我們之為史事建立因果的關係，多數是邏輯作用的結果。而所根據的證據不一定是充分具足的證據。但史事必經因果關係的解釋，或可說必經內部的綜合，才顯露它所應有的意義，如 Max Weber 和 R. R. Tawney 之解釋宗教革命，顯示經濟因素，對於新宗教革命的發生，尤其 Calvinism 的興起，大有關係。（近世 Capitalism 之興起與 Reformation 之關係亦然）所以有的史家要說，只知道一樁接一樁敍述史事。而不知進一步追究它們之所以有關的因果的關係，簡直未入史學之門。（而且缺乏因果關係，可能根本不能完整地說明一樁史事。）要緊是在如何使因果關係的建立符合邏輯，符合所可能獲得客觀的證據。

4. 又一種情形，歷史中所生之果，有時可能與其造成之因看起來正相反對。如對於民間自由的壓迫限制引起暴力革命；天星碼頭渡船加價使船公司收入減少。所造成之果都和原來的所預期的適得其反，然而確實是一因一果。

5. 有時未曾發生的事實（negative facts），可以為解釋史事的因果關係之助。"萬事齊備，只欠東風"，是說由於一種必需的因素的缺乏，使史事為之改觀，或影響史事的發展。如秦始皇沒有一個克紹父業的兒子；明末清初的中西交通中斷；中國未曾在十八、九世紀間發生工業革命。凡此 negative facts 在歷史中幾乎都曾發生決定的影響。美國南北戰爭結束，北方勝利，但 Lincoln 就在南方 General Lee 投降（April 9, 1865）後五天遇刺斃命，美國南北戰爭後的所謂 Reconstruction 時期，主要代表北方的聯邦政府對於南方所取的極端的措施，影響南方的政治和種族觀念至巨。美國史家大抵相信，如林肯在世，則政府對於南方的重建政策，當和以後實際所發生的不同。（因戰爭而造成的精神和物質的創傷，不會加厲，可能會更容易平復。）

6. 實際所發生的史事的因果關係，往往因果眾多，a combination of causes and effects，不能執一以概全體，自然解釋歷史，很容易流於執一概全，或由於偏見，或由於簡單易為。對於同一史事，如 The fall of the Roman Empire，就曾有各種各樣單一的因素被提出來，加以解釋，產生各種各樣的 theories。對於同一史事，解釋的 theories 如此之多，正在見一項重大的歷史事件，其由來不是由於單一的原因。1934 年，The American Historical Association 在 Urbana 舉行 conference，會中討論到第一次世界大戰的起因,結論是沒有一個單一的原因足夠解釋這一椿大事件,應該同時顧及多數原因。

有的史家反對史事的因果之說,他們主張 mere consequence 之說。他們說:對於歷史我們只能說乙事件接續甲事件發生,如此而已。但我們可以問:為甚麼連續的事情這樣發生,而不是那樣發生?當我們問到為甚麼時,我們已經涉及到因果關係。以我們的生活經驗類推,歷史是過去的生活,在我們日常生活中,我們的行為為連串的因果關係所決定,然則在歷史中豈可無因果關係。

H. W. V. Temperley 為他所編的 Selected Essays of John B. Bury 作序說:"在任何情形中,(因果關係)是我們必須承認的一種假設(hypothesis),要不然,世界將是一團混沌,科學只有自殺,因為科學的功用就在於解釋現象,而解釋就是要說明原因,要是發生的現象中盡是雜亂無章,不成規矩的因素,則科學研究將是不可能的。"

二、類推

類推(analogy)法則之可以應用,乃基於一項假定:兩件事物,如在一方面或更多方面相似,則在他方面亦可能相似,其理由,因為:1. 一件事物之表現某種特徵,必然與該事物的性質有關;兩件事物表現相同的特徵,則兩者的性質必有相同之處。2. 每一有效的原因,必然產生相應的結果,由於人(歷史的主體)的天性相似,所以不同時、地的人,如處於相似的環境,當會發生相似的行為。章學誠所謂"諸賢易地則皆然"。

1. 類推法則在史事綜合中的應用:

(1) 發現歷史事實的新的形相與結構(如文藝復興時代與戰國

時代）。

（2）發現新的假定與問題。

（3）發現不同事實間的關係。

2. **靠不住的類推：**

此法則的應用只能是相對的（可能的），而非絕對的。

（1）以個人經驗推及於事事物物。

（2）從局部的乃至偶然的，表面的相似，遽然斷定其全部相似。

（3）取相似的部分，毋視相異的部分，而遽斷定二事物類似。

（4）對於類似的事件遽然斷定其相關或互為因果。

（5）主張不同民族、國家的歷史必嚴格循相同的法則發展。

（6）以物理的法則應用於歷史。

3. **應用此法則應注意之點：**

（1）材料必須經徹底的、充分的研究。

（2）相似之可能的程度主要不在於相似之點的數目，而在相似之點之重要性（非只表面的、偶然的）。

（3）結論只是蓋然的。

（4）結論如與確定的事實部分抵觸，應放棄。

（5）相關或互為因果的關係的建立，有賴於實據的支持。

三、歷史中的條件、際遇與媒介

1. **條件（conditions）：**

條件與原因的不同，是在條件對於一樁史事的發生，沒有積極促成的效力，但條件是史事發生所必需，它供給條件，使有效的原因發生作用。例如討論美國獨立革命的發生，殖民地與本國之間距離的遙遠是革命發生的一個條件，乃至革命成功的一個條件，但不是革命的原因，因為這事本身沒有積極的（actively）促成革命的效力。中世歐洲醫藥缺乏，而瘟疫流行，醫藥設備缺乏，不是瘟疫流行的原因，但是一種條件。

2. 際遇（occasion）：

至於 June, 1914, 在 Sarajevo, Archduke Francis Ferdinand 被謀殺的事件，使第一次世界大戰爆發，則是一種機會，很難說是大戰發生的原因，自然更絕對不是根本的原因；大戰確由此爆發，但至多說在大戰隨時可能爆發的局面之下，這一事件的發生，誘發了大戰的爆發。是機會，因為類似的暗殺事件不斷發生，而這次成功了。

3. 媒介（means）：

媒介是指一樁歷史行為，假手於一種因素而發生。所以邏輯上也稱此為 instrumental cause，此所謂 instrument，可以是人，如基督教歷史觀說人乃神的工具，神假手於人來實現他的意志。我們也常說，一種時勢，乃至歷史，假手於人來造成。可以是物，如殺人兇犯手中的武器，或如有史家解釋所謂拓荒時代，美國開發西部所依賴的技術的設備，包括有刺的鐵絲網、左輪槍、風磨等等。可以是事，如 1789 年 7 月巴黎群眾的暴動與法國革命。存在於條件、機遇、或媒介以及和它們有關的史事之間的關係，如因果關係一樣，構成史事的內部綜合的根據。

以下對於條件稍作補充的說明：

任何歷史事件，其發生，或多或少決定於與它有關的條件，一樁個別的歷史事件，有和它單獨有關的特殊的條件，如時間、地點，和其他環境的遇合，但每樁歷史事件也有和它有關的一般的條件，這是指一個時代或一個地域的物質的環境，以及這時代的心智和精神狀態或 zeitgeist，兩者相合，可稱為歷史環境或文化環境。

歷史環境或文化環境構成一個時代的人的思想和行為的條件，沒有一個人能完全免於家庭環境、親友關係、家務和學校教育、宗教和其他精神活動、社會地位與社會關係等方面的影響，個人如此，一時代的人亦然，因在同樣條件的影響之下。

（德史家 Feder 討論人事之中時間條件的影響，說：時間條件一直在各種重要的方面影響人類的活動，例如：月的盈虧對於不同的民族的宗教、儀式有重要關係；季節決定住屋的佈置、服裝的式樣、食物的選擇、旅行的方法、戰爭的起迄；晚間有利於盜賊的活動。經濟生活在多方面決定於物質的條件，如土壤的肥瘠，作物種植面積的廣狹、氣候等；但也可能決定於時勢的條件，如太平或據亂、就業的機會、商業的機會、教育普及的程度等等。即以歷史學者自身的工作言，也無疑要受他所處時代的知識水準和思想意識的影響，在缺乏鑒定精神和不知精密考察的時代，如古代和中世的大部分期間，史學必然衰落。便是在文化發展比較成熟的時代，由於思想情趣的偏執和鑒定條件的不足，也會使史學研究無由進步，如在歐洲中世後期所見。在歐洲中世晚期，對於神學、哲學、法學和物理科學，頗熱心研究，但對歷史科學的發展所必需的條件卻闕如；如歷史意識、鑒定精神、就地研究的便利和設備、文獻館、良好的圖書館等等。近代史學繼續受時代的思想環境的影響，文藝復興時代的史家和他們的時代一樣，盲目崇拜古代，法國革命時代的史家熱心崇揚個人自由；而浪漫學派的史家表現了趨重於藝術化的傾向。）

四、歷史中的機會與巧遇

1. 機會 (chance)：

常識的：機會的原因。

邏輯的：沒有機會的原因，沒有任何事物的原因會是機會，完全是偶然。

甲乙兩人途中相遇，是為偶合 (coincidence)，然甲、乙行至相遇之地點各有原因。Logically，此偶合非由機會而來，但偶合確是機會，是我們真實有的經驗，那末如因相遇而引起某種事故，可否說引起此事故之因為機會？Logically，不可，因為相遇而至引起事故，只有作為一連串的因果關係中的一個環節，才有可能：如個人間的恩怨，人事或經濟上糾紛，政治關係等等。即令一樁車禍，我們要解釋它時，也決不止於說機會的偶合，而要追究何以此車如此開法，或何以此人如此走法。

John Stuart Mill 說："我們可以說事實由機會結合，……意思是說事實與事實之間沒有因果的關係，……但由機會結合的事實，它們各自是因果關係的結果，因此是 Logic 法則的結果；只是各自的因果關係不同，相互間沒有 Logic 的聯繫而已。"

歷史中的機會是歷史哲學中的大問題，因為它牽涉到歷史發展和歷史行為的必然與偶然的討論，基督教神學討論它，唯物史觀的學說也討論它，我們承認機會是歷史事實，是不同事實之間的偶合，是因果關係之中的一個環節，是史事兩部綜合的關係之一。

2. 巧遇 (contingency)：

J. B. Bury的定義："the valuable collision of two or more independent chains of causes"，此與機會的意義相若，或其重要點

在 valuable，不僅偶合，而且是巧遇，我們在這裏是指一椿事實，其本身不具重要的歷史意義，但因機會的巧遇，而發生重大的歷史的影響。

結論：機會與巧遇為歷史事實，對於歷史的發展，有時具有重大的影響。在綜合史事和解釋歷史上有它們應有的地位。危險是在我們過分強調它們的重要性，在處理機會與巧遇時，我們的正當的態度是：記得機會與巧遇本身不是原因，它們只在作為全部因果關係之中的一個環節時，對於歷史發展才發生影響。

Bossuet（d. 1704）說："因為我們對於史事全體缺乏了解，我們才覺得這也是機會，那也是機會。"

第三節　史事綜合的主觀性與客觀性

一、主觀與客觀

　　歷史為已發生之事，有其客觀的實在性，但我們所知道的所謂歷史事實，分析到最後，不過是一系列感覺的結果，所以歷史意識必含有主客觀兩種成分。（依時間、空間或因果的關係結合而成，所謂某事件、某事件，是人給的名稱。）因此歷史中所謂的主觀（subjective）和客觀（objective），不在主客的對稱，以主為主觀，以外於主者為客觀，而在於感覺和判斷（人的感覺必然是主觀的，但人所有的感覺可以是對於客體的事物的感覺，所以是客觀的感覺）。由感覺所得的印象（也必然是主觀的），但一種印象如能以任何可能的方法加以證實（如他人對於同一客體事物感覺所得的印象，或本人對於同一客體事物多次感覺所得的印象），則此種印象構成對於客體事物的知識，亦即客觀的知識。

二、歷史知識的主觀性與客觀性

　　歷史學者的客體事物（objects）是歷史事件，已逝；他的獲得有關歷史事件的知識間接經由證人 —— 亦即史料 —— 的作證，證人的價值或可信程度則經史料鑒定工作的鑒定，歷史學者根據所能獲得的證據，依證據的強弱所作的判斷，是為客觀的判斷；他的判斷可能是錯誤的，新的證據可能推翻他的判斷，修正他的判斷，但當他作一項判斷時，他的判斷必須是客觀的。在這裏所要求於歷史學者的，一是他的專業的訓練；二是他的對於所處理的史事，在知識上的準備；三是他的 intellectual honesty，而不是只有正確的判斷，才是客觀的判斷。

三、史事綜合的主觀與客觀性

因為根據經過鑒定的材料，有外在的因素（時間、空間、事類）和內部邏輯為根據，故有其客觀性，但大部分是史家的主觀的工作。

第一，選擇材料：所據為必需與否，然作必需與否的判斷者，為歷史學者。Barzun 指出：歷史學者選擇對他合適的事實，是不可厚非的，他應該對事實加以思考和選擇；他做得好不好，就看他的聰明和誠實的程度。

第二，外部綜合以時間、空間、事類的程序為據；內部綜合以因果、條件、歸納等關係為據。內部綜合和外部綜合雖各有所依據，但如何使綜合的結果最能表達史事，則屬史家的工作。

第三，文勝質則史，史學著作不僅求能表達史事，並且求能以美好的形式表達史事，所以史學著作應該同時也是一種文字的工作，一種藝術的工作，其所有賴於歷史學者個人的自然更多。Barzun 謂，歷史如各種敍述性的文學一樣，它需要一種形相（form），一種樣式（pattern）來表達。缺乏形式，一大堆名詞和個別的事件是不可了解的、沒有用的，使過去具有一種可認識的形式，才使過去（歷史）產生價值；正如以科學公式使自然現象呈現和組織，對於自然的研究才有價值一樣。則如何使史事獲得適當的表達，自然更是學者的事了。而史事綜合是為歷史著作準備。

因此，我們的結論是：歷史學者經史事綜合的工作，使事件的由來和經過明白、合理，合乎我們所有的歷史經驗。在他本人來說，這多少是一個心智辨別、選擇和組織的過程，一項主觀的工作，這項工作的客觀性，是在他的知識和工作態度，在他的言必有據，他的對於證據的誠實。

第四節　史事的解釋

　　史事解釋而要追究 the ultimate cause，是歷史哲學的工作。歷史哲學往往是一種時代精神的表現，代表對於歷史的一種看法，貢獻是在於在它的看法下所獲得的對於歷史的部分真實的認識，對於歷史的認識有幫助，如晚近史學之重視物質的因素和心理的因素。前者如 H. T. Buckle 之以氣候、食物，與物質環境解釋歷史；H. Taine 之以種族、環境（milieu）與時代解釋歷史；Karl Marx 之以社會經濟關係解釋歷史；後者如從 John Locke 至 W. Wundt（d. 1920），I. P. Pavlov（d. 1936）和 S. Freud（d. 1939）的心理學說，都是。（這樣對於歷史解釋的大理論）沒有一個研究歷史的人可以完全忽略它們，它們的毛病是在以偏概全。

　　史事解釋要求因果關係的建立，為史事解釋的一個重要的方面，如上所說。

　　史事解釋要求以過去之觀點衡量過去（putting oneself in the past）：

　　1. 歷史學者之觀察史事，應該取史事發生當時的人的觀點（viewing the past from within），而不應以他自己的時代的觀點，他需要對於當時人的思想、感情、價值標準、愛惡和偏見，有深入的體會；對於史事本身有親切同情（生動）的認識，在處理史事本身的知識外，歷史學者需要做到：第一、熟悉（甚至於要浸淫於）當時的文學和藝術。第二、為自己設身處地於史事發生的環境。

全無褒貶是不實際的：善善，惡惡，賢賢，賤不肖，真能做到，沒有不應該之理，危險是在我們以自己的標準來厚誣古人，其弊不止在不公平，而在曲解史實。為防止危險，表明自己的標準。

2. Croce 主張歷史要為生人和今人而作。以過去觀點和標準來衡量過去，在求充分的、親切地認識歷史，求不厚誣古人，至於說歷史要為生人和今人而作，則是在求了解歷史的演進與現況的由來。

歷史之垂訓與不垂訓之辨：章學誠說：“古人未嘗離事而言理”。

第七章

史事的表達 —— 歷史著作

第一節　擇題與取材

一、擇題

一個合適題目的擇定，與若干條件有關，擬題時所要考慮的問題，如：其一，個人興趣所至；其二，環境或時勢需要，或其他特殊的考慮；其三，深思熟慮的結果；其四，檢查前人研究成績的結果。

第四點之所以重要，是因為前人如曾以同一題目，或在相同範圍內，做過周密而徹底的工作，作者不知，從頭重做一遍，結果可能將如西諺所謂"打舊麥稈"，徒勞而無所收獲。

此外和擇題有關的，尚有研究對象或事件的歷史價值的問題。歷史研究的目的固在求真，求重現過去，但對於歷史研究，不同歷史事實仍有價值高下的區別，視不同史事在歷史的分量、廣度、和影響的大小而定。一個題目所定研究對象的史值尤高，則研究的需要必尤高，而研究所得的成績也必尤可貴。我們如不善於應用史學方法，長年碌碌，一無所得，固然可惜，但如果應用了最完善的方法，而所研究的卻是一個缺乏史值的題目，對於說明歷史和現況無所裨益，也同樣可惜。

擬題時要做的工作，包括：編製書目；檢查前人研究成績；確定能利用之史料是否能使題目做成。

二、取材

擬題以後，便應定下取材的範圍，如：第一，擬立綱目，假定工作進行之程序與範圍；第二，蒐集史料：先原始，後特殊；第三，背景知識的充實。

1. 設題與取材之相關性：

在實際工作進行時，背景知識的充實應該是一個繼續的過程，從開始有作此題目之想時便應開始獲得有關的背景知識。

Jacques Barzun 在 *The Modern Researcher* 一書所說，我們初擬題時，所擬之題在我們思想中一定還是模糊不定的，即令我們在擬題時出以最明白、肯定的字眼亦然，而我們蒐集與題目有關的材料，則務求窮盡，結果一定會在手頭積累起一堆未必用得着的材料。隨着材料蒐集工作的進行，我們對於題目的概念越來越明確，我們對於材料是否有用的判斷力越來越增長，結果擬題工作的最後一步就是確定題目和確定必需的材料。

Barzun 說，一個歷史學者的工作，"有如一個雕塑家，本於他對於一個人物的記憶所及，為他塑像，他在泥胚上不斷增加或取去黏土，使泥胚產生形相，和他記憶所及的一樣。……他必須經不斷的試驗，使他所塑的，像他要表達的對象（object）一樣，他的工作之所以有如一個本於記憶所及以為人塑像的雕塑家，因為他們都沒有一個具體可見的觀象，來直接依樣造形，主題掩藏在材料堆裏。"這是一位成功的歷史學者的經驗之談。

由 Barzun 所說，也可見為歷史著作取材，必須顧到兩個原則：一是必需的原則，一是藝術的原則，而目的皆在求最後的成功的表達。取材而取有代表性的，有意義和啟發性的，乃至富有色彩和動人的，自比取材蕪駁累贅者，更能造成成功的表達。

此外，在擇題上應該注意的，歷史研究的宗旨雖在求真，求重現過去，但不同史事，或歷史中的不同部分，實有史值的高下，決定於一樁史事在歷史中的分量，廣度或影響。史值尤高者，則研究所得的成績尤可貴，而研究的需要也就尤高。我們如不善於應用史學方法，長年碌碌，一無所得，自然是很可惋惜了。但如我們用了最完善的方法，而所處理的卻是一樁缺乏史值的事實，對於歷史演進，或對於說明當前的狀況上無甚輕重，豈非也很可惋惜。

2. 取材與蒐集史料之不同：

至如取材上，從史料的鑒定至史料的綜合，是一個材料選擇淘汰或繼續的過程。

(1) 按所立綱目，限制範圍和性質；自然，綱目可能隨時需加修正。

(2) 各綱目下材料的分配，除了顧及必需與否的原則外，儘可能求其均衡適度。

(3) 在已計劃了的要表達（presentation）的範圍內，不要餘下未經回答的問題。

(4) 任何材料的增加，對於細部的敍述的增加，儘量保持與主綱（或 central idea）以呼應，勿使離題。

第二節　材料的編配與組織

假定經過了史料的蒐集、鑒定、解釋，我們手頭已經有了一大堆可用的材料。其次我們就需要按照所需要的適當的分量，將材料綜合，也就是將材料連結起來，組織起來。使在一個主題之下統一起來，所謂 unity，或 consistent unity，是一切文學著作的第一條法則，使史事產生形相（form），產生意義。

史事的外部的綜合：按時間、空間、事類等外部的秩序，組織材料。

史事的內部的綜合：按史事各部分內部的關係，如因果關係，組織材料。

大抵從事歷史著作，一旦經過材料的外部與內部的綜合，史事的形相已具，而史事的意義顯露。如果不然，或者表示我們的工作沒有成功，或者我們手頭的材料未備，有罅隙（gaps），缺乏必需的環節（links）。

一、材料的擇取（按照所需要的適當的分量）

取材與蒐集材料的工作有若干不同的地方。我們在取材的時候，勢決不可能把所有可用的材料都納入最後的綜合。但在史料的蒐集時，則務求其多，唯恐所見的史料不完全，使我們對於史事的知識不充分，造成認識不真，判斷錯誤的不幸的結果。我們蒐集材料時，要求充分周到（thoroughness），要求沒有遺漏（exhaustiveness）。但當我們作著作的整備時，我們的一樁重要的工作，卻是要把所得的材料加以選擇和汰除。事實是在我們的工作中，選擇汰除是一段很長的過程，而且是一段很痛苦的過程，如陸機《文賦》所說："亦雖愛而必捐"。當從事史料的鑒定時，以史料的價值為標準，我們已經先做了一番選擇汰除的工作，這是根據史料的可用與否。現在我們手頭所有的，假定都已經是可用的材料，而我們還需要根據必需與否，再做一番選擇汰除。

1. 材料選擇的需要：

所謂根據必需與否，便是要考慮：

（1）篇幅的限制，文字著作必有篇幅的限制，不能汗漫無所約束，篇幅的限制可能由稿約規定，如刊物的稿約或著作者與出版商訂立的契約。在學校中寫 paper，教師也可能規定頁數。即令沒有這些限制，當我們作著作的準備時，也需要顧到一己的力量之所及，如可用的時間，乃至壽命；需要顧到讀者所可能接受的程度，也就是消納得了的程度。

（2）藝術的要求："Let there not be anything too much" 是文字著作從藝術的觀點看一條重要的法則。取材而取有代表性的、有意義和有啟發性的，乃至富有色彩、動人的材料，使史事因此以集中、緊湊、浮雕式的形式表達，自然要比堆積材料、累贅而枝節橫生的表達，更能有效。但是一個著作者最容易犯的毛病，卻就是捨不得割棄他辛勤得來的材料，結果由於累贅、枝節橫生，反而使他所欲表達的史事的真相，淹沒不彰，顯不出來。（在西方史學史上有一個故事，據說 Macaulay 有一次評論一本書，他說："前人所說一半，有時要比全部好，沒有比這本書更能顯出這話的有理了。"但 Macaulay 自己也沒有做到他所說的道理，他的 *History of England* 被批評說是："汗漫而蕪雜。"（Garraghan, 339 頁；J. Cotter Morison）（《史通》論撰，指責《晉書》蕪雜，說 "此何異魏朝之撰《皇覽》，梁世之修《偏略》，務多為美，聚博為功，雖取悅於小人，終見嗤於君子矣。"）

陸機《文賦》雖論文章，但在論文章的剪裁上，也很合乎史學上取材的道理，他說："或仰逼於先條，或俯侵於後章，或辭害而理比，或言順而義妨。離之則雙美，合之則兩傷。考殿最於錙銖，定去留於毫芒，苟銓衡之所裁，固應繩其必當。"

以上是說本於藝術要求的標準，以定材料的去取。

2. 未用材料的價值：

在上面我們說，我們在勢不能把所有可用的材料都納入最後的綜合，這不是說所有未用的材料因此便完全歸於無用，變成一無價值，如像我們進食，除了營養品之外，也需要服食非營養的佐食品。如所謂 roughage（糠秕與其他纖維素），以幫助消化和吸收一樣，我們搜集材料時的窮搜博討，大量的閱讀和研究，對於我們的把握題材的能力和識見、深度和廣度；對於我們的熟稔史事的背景、內容、氣氛和意義，同樣必要。我們並不是在每一件事上都表現我們的學問，但自然的我們在每件事上表現出我們旳學問的工夫，其道理是一樣的。因此儘管在每樁工作上我們總有一大部分辛勤搜集得來的材料棄而不用，但經過我們的處理，所有未用的材料都已融入我們在處理這樁工作上所有的學問，或更恰當的可稱之為工夫。我們見一樁工作的功力，見一樁工作的學問的深厚或淺薄，至少一部分係得力於未用的史料。

3. 選擇材料的標準：

對於材料的決斷去取，有賴於史識，但也有少數基本的標準，可以遵循。

（1）著作的宗旨：為何而著作？

a. 嚴格的、學術性的：表達史事的真相，如見於標準教科書、專門著作、史學專論（monographs）、學術講演，等等。

b. 通俗性的：學術性與興趣兼顧，如見於為一般讀者閱讀的通俗歷史著作。

c. 為一種學說、觀點或義理作證的：歷史哲學是一例，所有的社會科學幾乎不需要歷史的作證。

一種嚴格的學術性的著作，自然不憚詳舉事實，各種材料和統計數字，以及對於有爭論之點的辯難和證據，凡此都是以使一般普通讀者目眩頭昏。反之，一種通俗歷史著作的取材，可以着眼於材料的生動有趣，富有色彩和戲劇性的部分，這類材料平常很少見於嚴肅的科學性的著作，至於為學說、觀點、主義作證的著作，則可以取材於最具代表性的部分。

（2）著作的對象：為何種讀者而著？

是為成年或少年的讀者？是為有良好學問修養的讀者或為平常人？是為史學界同人或一般讀者？凡此，在歷史著作的取材上都需要有極大的差別，乃至讀者的國籍，政治或宗教信仰，知識水準和感情傾向，都應在考慮之列。著作家雖不許違背歷史的真實，但因為需要，在取材的隱顯輕重上，仍可以有所區別。譬如，一直到今天，華文中學用的歷史教本究竟應該怎樣寫法，不能還不知所從；過去的教本用甚多篇幅講典章制度，非年少的學生所能接受，教師索性就略去不講。

（3）著作的類別：

是通史還是專史，譬如政治史、社會史、經濟史或宗教史，專史不必說，因為它所屬的類別已經決定了取材的類別。通史則決定於兩個因素：一是章學誠所謂的著作者的別識心裁，一個歷史學者可以有他自己的對於歷史的獨特的看法；一是勻稱（proportion），在一部通史著作中，政治，社會，經濟，文化應該以何種比例，造成最恰當的配合。

（4）材料的來源：

這是說歷史學者的取材，必然受到他可能利用的史料來源的限制，史料所用的文字，史料蒐藏的所在，史料保管的方法，便是在今日交通便利、圖書館和文獻館事業發達的狀況之下，也仍或多或少限制研究者利用的程度，亦即限制了他的取材。

二、材料的編配與組織

當講到為所擬題擬立綱目，本於必需與否，擇取材料時，已經涉及材料的編配與組織。

擬立綱目與編配和組織材料，是要給最後的表達（presentation）一種形相（form）、一種樣式（pattern），無論事實或思想，雜亂無章，缺乏形相或樣式，不能達到表達的目的，因為人們無由認識所表達者為何，更無由認識所表達者是甚麼要點（emphases; ideas）了。

在文學批評上，每以形式與內容相對而言，事實則我們不能把這兩者截然分開，我們只有通過形式，才了解內容，兩者之關係，如皮之與肉。

A good form or a bad form: a bad form 正好合乎 deformity 之義，畸形的，難看，而且可能不知其為何物了。

材料的編配和組織，兩種基本的方式：一是以時為綱（chronological）；一是以事為綱（topical）。自然也可以地為綱，如見於國別史；通志之於省，縣志之於縣，如此類推。但在我們現在的討論中不重要。

任何一種單獨的組織的方式都不理想：

純粹以時為綱（chronological）：＂事以年隔，年以事析，遭其初莫繹其終，攬其終莫志其初＂（南宋楊萬里為袁樞《通鑒紀事本末》作序），而委曲瑣細，不能備詳，不能集中地、充分地說明一椿史事。

純粹以事為綱（topical）：其弊一在將史事孤立，不能見同年共世之事；一在失去了《史通》稱編年體史書的＂繫日月而為次，列世歲以相續＂的一條自然的、歷史的線索。

一種成功的表達（presentation），除了必需的、但是簡短的 references 外，應該兩種方式合用。例如一個人物出現於表達的程序（the order of presentation）中，以短短數語道其生平，此數語不是表達的主體，但對於了解有關的人物在整個表達中之地位，有知道的必要。

Chronology 和 topic 合用的方式，以實際著作來說，是以事分綱目，一綱一目以一事為主，綱目的內容依時間先後為序，其對於一事的處理，在本綱或本目中，務求充分完整。同時能顧及綱目間的承啟和呼應。

要之，史事的文字的表達必具形式，然後所表達的內容才具有可認識的形相和明白的意義。良好的形式需要滿足統一（one thing at a time）和時間程序（先後不紊）的要求，而綱目間應有適當的承啟和呼應，使全部表達緊湊而不泄沓。

良好的形式也要求各部分勻稱，以一冊書的著作為例，如部分是章，則各章的分量應大體勻稱；太大的 topic 不能為章所容，可列為編，編再分為章。章當然不像八股文，有一定不變的格式，不過大體上，chapter 是有幾點特性所為它所應用：內容統一，完具，而長短適度。因 chapter 所處理者為一 topic，故其性質與 essay 相似。長短亦以與一篇能一次讀完的 essay 相當為宜。章的長短看似簡單，實際很關重要，因為如太長，則將要產生的著作必然章數少，分章等於不分，而且在著作的過程中需要改變時不易改變。如太短，則必然章數多，太多的 breaks，太多的頭緒，使全篇著作不易統一緊湊。（章相當於一篇 essay 或 article，故一篇 essay 或 article 的長度，也以能一次讀完為最宜。）

至於這樣的編配和組織是否成功，有關各章相加是否成一大單元，是否沒有遺漏或缺陷；是否沒有重復，自然為了承啟呼應，相互的參照（cross reference）是必需的。

章如此，比章小的節，比章大的編，或一篇論文的綱與目，也都應有相當的 form，同樣應顧到統一，時序，勻稱，與承啟呼應。

為了控制材料，疏通條理，和建立承啟呼應，有的學者願意在最後著作前詳細擬定綱要，有的學者不願意。著作前的綱要是一種 premeditation，在著作前多從頭思考一遍絕無害處，不過無論如何周詳擬定的綱要必然是 tentative 的，在實際寫作時忽略和行文所至，必然要改變綱要的條理次序。如為維持綱要的效力而使思路和行文受其約束，則可能成了削足適履，吃力而未必討好；但如有一個經周密思考擬定的綱要，在實際著作時隨時參照，不使思路與行文離題，不使綱要中思考所及的要點遺漏，則綱要仍有其有效的價值。

　　著作家一種常用的方法是假如為供著作之用的材料已按章編配，進行撰寫某部分前，把這一部分的材料重新翻閱一遍，我們心智的邏輯作用自然會把這組材料再分出更小的部分出來，建立適當的聯繫，所謂 subgroups。然後按照次序，我們把著作時應該列在最先的一部分材料，再翻閱一遍，按適當的次序條理排列，這樣我們完成了在實際寫作前的最後的準備，下一步是着手撰寫了。一部分、一部分順序進行，以至於全章或全節完成。所餘下的工作，就是在進行撰寫時發現有無重要的環節遺漏，有無必須填補的 gaps；在各章的相互承啟之間，是否通順自然，是否呼應周到。如果我們蒐集材料用的是卡片的辦法，那末就可以卡片的排列 (shuffle and reshuffle)，來進行編配和組織材料的工作，卡片排列妥當了，編配和組織材料的工作也完成了，結果在我們手頭的一疊卡片，具有我們著作時所需要的材料。我們的思想，reflections，我們對於史事的認識以及我們的邏輯的工作，除了文辭外，都是一種著作所需要的重要的組成部分。

第三節　歷史著作與文學

　　歷史是科學也是文學。歷史著作求成功的表達，需要具備的條件：用字正確、語句可讀、敍述生動有力、詳簡得當、條理通暢清楚、組織統一，凡此都是文學的工作，與小說、戲劇相若，而歷史著作還必須字字有據，無一字無一語無根據。

一、歷史著作中的想象成分

　　歷史著作的理想在重現過去，過去已經過去，歷史學者需要捉摸過去，體會其模樣與氣氛，而以文字成功地描摹出來。於此，歷史學者需要應用他的想象的能力。

　　文學著作重想象，所不同的，詩人的想象在創作，而歷史學者的想象在主觀，在想象之"科學的應用"，或"歷史的應用"。歷史學者的正當的想象力的培養，一種必不可少的訓練是與直接史料多多接觸，使自己浸淫於直接史料之中，以獲得對於過去的親切、實在而生動的印象。

　　G. P. Gooch 引 Niebuhr 的話說："我是歷史學者，因為我能從片斷的材料，構造一幅完整的圖像，我知道甚麼部分短少了，怎樣把它們彌補起來。……歷史學者也好像一個久住在黑穴中的人，他的視力漸漸習慣了黑暗，能在黑暗中看到物品，這在一個新進來的人不僅看不到，而且可說根本無法看到。"

二、歷史中的文學成分

所以歷史是科學或文學，已經是一個過時的、無謂的問題。二十世紀所要求於歷史著作的，是它應該同時是科學和文學的產物。科學的方法，文學的形式。

關於歷史著作必須具有科學的性質，說得已經太多。關於它的文學的性質，可以說，歷史著作而缺乏文學的性質，它將是枯燥乏味，滯重，令人厭憎，或如土木磚瓦，雖云著作，實際仍是一堆材料，不具形態，不能給人它所應該給人的印象，令人不知所云。Woodrow Wilson："有說謊的藝術，也有說真話的藝術，說真話要比說謊更困難得多。"如果歷史著作而無人能閱讀，無人願意閱讀，則與未著作無異，何必著作。（要從事著作，就已有要人閱讀的目的。如有人說他並非為他人閱讀而著作，在邏輯上是矛盾的。）

歷史著作的文體，可以因著作種類的不同而不同：教科書、專論（monographs）和其他專為學者閱讀的學術性著作；和通俗性著作。但我們起始所說用字正確等等，則為所有的成功的歷史著作都需要具有的最低的文學的條件。

因此，當歷史學者開始實際從事著作時，他的工作不再是研究，而是修辭和寫作。易言之，他的工作是要把他的研究結果，經過文字的媒介，有效地表達出來。我們不能在這裏講修辭，不過有關文章體裁的統一（unity）、語勢（emphasis）、通順（coherence）、勻稱（proportion）等原則，都是一篇良好的文學所不可缺的。再者，同是歷史著作，也可有敍述、闡說、考據、和論析之別；在一種篇幅較多的著作中，這四種著作方式更都可能出現。然則，不同的著作方式，應該特別顧到何種修辭原則，自然也是一個歷史學者所應該用心的。

三、歷史中的實在感

成功的再現過去。

1. 局部的、具體的敍述（代表性的、有意義的局部）：Michelet 所謂予歷史的再現以血肉；或所謂以個例（Case）表現一般。

2. 局部的、動人的敍述：Mandell Creighton 所謂以藝術家的透視，發現史事之豐富的色彩與感人之處。

所謂史事的感人之處，可以因歷史著作種類之不同而有異。比較嚴肅的讀者不必喜歡太圖畫似的（picturesque）的穿插，對於他們，史事的因果關係，典章制度的演進，社會和思想的變逸，文化的發達，可能更有興趣。

3. 遣辭的恰如其分，不喪失生動與色彩（vividness），然不誇張；一涉誇張，即喪失實在感。"夫史為記事之書，事萬變而不齊，史文屈曲，而適如其事。"（《文史通義》〈書教下〉）

四、歷史中的綜合景觀

1. 歷史中之實在感猶近觀樹木，綜合景觀猶遠觀樹林。見樹而不見林，仍未曾表達歷史的全貌。亦惟有經綜合景觀，才能把握歷史的全體（history as a whole），表現部分與部分之關係，以及連結所有的部分為一體的線索，使史事的全體產生形相與意義。駕馭史事，而不為史事所累。

2. 概括為綜合景觀的一種，概括主要是多種個別事實的歸納的結論，為 general truth；而綜合景觀除概括外，包括個別史事的綜合觀察，對於其全體的結構、形相，與意義的把握，不必為概括的。

3. 局部的省略：求綜合景觀明白顯著：一、省去不必要的累贅。如果此局部的敍述對於全體的表達無補。二、使表達的主要部分凸現。如篇幅中之空白，浮雕的低陷的部分，太繁的細節，會使史事的主要的輪廓模糊不清。

第四節　引文、注釋與參考書目

一、引文

　　歷史論文中應用的引文，首先需嚴格區別直接引文與間接引文。直接引文為所引文字的原文，而間接引文經引用者的改寫。區別的表示是直接引文的首尾須加引號，而間接引文不得加引號，只能用腳注。直接引文而不加引號，是猶誣構證人的言辭。二者都是歷史著作所不許。又直接引文所加引號，首尾必須一致，如「」或『』，""或''。

　　歷史學者有反對直接引文者，認為妨礙敍述的條理與文氣，破壞文體的統一，主張歷史學者應消化和改寫史料文字。主張直接引文者，則認為最具關鍵性的部分，改寫原文總不如徵引原文，史料文字一經改寫，其原有的色彩、文氣與實在感必受損失，而且可能與原有內容出入。

　　但無論如何，不可使歷史著作因塞滿引文，成為一冊摘記本子。至於引文的長短也有限制，在文內，不能過二、三行。另起一段，以不超過印刷的十行為標準，絕對不超過一頁。為避免引文太多，而又不得不引，可用間接引文（記得要字字有據）。

二、腳注

學術性的歷史著作是在一個堅實的搜集材料、研究和批評材料的基礎上撰成，腳注便是表明這基礎。

1. 價值：

在歷史著作中應否應用腳注，歷史學者的意見也不盡一致。反對用腳注者認為，作為一個歷史學者，其所取證應該受到信任，無需再一一羅列根據，標明出處，因此腳注實同贅疣。大抵此論對於卓有信譽、資望昭著的學者，可以適用；對於一般的學者，尤其初事著作者，則非的論。腳注在學術性的著作中有多方面的效用，約舉之：

(1) 表明文中一種陳述之可靠性之根據與包括直接或間接引文之出處。

(2) 表明著作者的一種推論的由來，羅列證據，使讀者可據以重加比證，自作判斷。

(3) 對於文中一種陳述或推論予以更充分之討論，減少正文因細節所擴大而妨礙條理勻稱通順的流弊。

(4) 對於文中某一細節之補充。

所以，對於本文有表示和補充的證據、材料，與討論之用。總之，給予分量，使工作的結果及其所用材料處處表明其關係。

2. 特別需腳注之處：

直接或間接引文，否者為鈔襲或剽竊（plagiarism）。

非原文不許加引號，只可用腳注。

3. 腳注於文中之位置：

如屬手稿，加於行下、段下、頁下端、節後，或以另紙加於章後或全文後，皆可；在印刷的書籍或期刊中，則以加於各該頁下端最多採用。

4. 符號：

cf.	confer	compare; consult（參閱）
v.	vide	see（參見）
q.v.	quod vide	which see（見）
op. cit.	opere citato	in the work cited（上書作者，見前引書或論文）
loc. cit.	loco citato	in the place cited（上書作者，參前引文）
ibid	ibidem	in the same place（同上）
id.	idem	the same（同上）
et seq.	et sequentibus	and on the following（頁 xx 以下）

三、參考書目

參考書目的效用也在表明一種學術性著作的產生的基礎，同時則供對於本題有興趣的讀者，作進一步研究的導引。

參考書目有一般書目與書目評論之分，其區別即在後者有作者對於書目中所列圖書資料的說明和評論。以嚴肅認真的態度，為一個專題或一種專著補加參考書目或參考書目評論，在中國史學界普及而為風氣，尚是比較晚近的事。就屬於近代史的範圍而言，如中央研究院近代史研究所在台灣印行的各種專刊，後附"引用及參考書目"，屬於普通書目；而過去大陸編印的《中國近代史資料叢刊》各輯所附的"書目解題"，為書目評論。此項工作，西方遠發達過中國，值得我們借鏡。任舉一例，如 R. W. Chambers 著 *Thomas More*，其首章 "Prologue: the Sources" 便是一篇極好的參考書目評論，在中國的同類著作中還甚少見到。William W. Langer，*The Diplomacy of Imperialism*，於各章後皆有一書目簡釋，初版於一九三五年，一九五一年再版，於再版本中，每章書目後更補充新見書目。

一種專著的參考書目的編製，有若干原則必須遵守：

第一、凡列入該書目的圖書資料必須為著作者所曾真正引用或參考；如未曾真正引用或參考的圖書資料列入書目，而又不加說明，是為欺罔。

第二、凡曾引用參考的圖書資料必須列入書目，如應列而不列，亦為剽竊，或為抹殺證據。

第三、凡屬鈔本、照片、顯微影片或影印本等，皆須注明，以表示複製品與原件的區別；因為原件可能尚有其他作為史料的因素，不是任何複製品所能表示。

至於編製的方式，有按正文的內容排列，有按書目中圖書資料的性質排列。前者大抵先為通論，其次為各章各節有關圖書資料，依正文內容的次序，先後排列。後者大抵以未曾印行的（in-edited）部分居先，然後為業經印行的部分；業經印行的部分再按書目指南、原料、書籍、新聞紙與期刊等門類，依次序先後排列，至於書籍一類中則仍以一般性者在先，專門性者在後。未曾印行的圖書資料應各注明蒐藏處所、保管狀況，與編號；業經印行的應各注明出版者、出版地點與時間、卷數與頁數、期刊的卷數與期數等項。

四、歷史著作的取法

以上我們所談歷史論文的寫作，只是抽象地提到若干為學術性歷史著作所應採取的方法。為求培養論文寫作的能力，更重要的還有對於成功的前輩歷史學者實際工作經驗的吸取：多讀他們的著作，用心審察他們如何設題，如何取材，如何組織和編配材料，如何參酌議論和解釋，如何為他們的著作應用引文，附加腳注和編製參考書目。取法前人的著作，要取法乎上，心領神會，獲益必多。下列幾項，尤應注意：第一，綱目與材料分配；第二，前言、序論或跋尾；第三，全著；第四，不同著作的比較。

上面我們講過，應取法前人或當代名家的著作，但在中外史學史中，同一種歷史（如先秦史、希臘羅馬史、法國革命史），都經過不斷的重寫。是否一種前人的權威著作，有後人的新的權威著作產生，它的價值就告喪失？歷史的不斷重寫，後來的著作自然有取代前人著作用意，歷史需要不斷重寫的原因如下：第一，前著有錯誤或其他不完善之處；第二，有新史料發現；第三，對舊史料有新解釋；第四，對於過去的態度與觀點發生改變。

在中外史學中，歷史雖經不斷重寫，有不少著作的學術價值，繼續保持不失。而且，即令有的名著，它的學術價值已成陳跡，它的文學價值，也就是作者著作時的精心結構和藝術，仍可垂之不朽，足以供我們取法。

閱讀報告與參考書

　　本課程未規定教本。所列參考書中有屬於教本性質者，學者應選擇一、二種，隨課程之進行，熟讀而玩味之。

　　各章之末另有指定閱讀書目，學者應據以按時撰寫讀書報告。讀書報告可舉述閱讀心得，或就己見加以批評，或取一重點參考他書，撰為專題論文。文不必長，每篇以五千字為度。

一、閱讀報告

第一章　史學與史學方法

1.《史記》，〈太史公自序〉。

2. 劉知幾《史通》內篇，〈自敍〉。（浦起龍《通釋》本）。

3. 章學誠《文史通義》，〈史德〉、〈說林〉。

4. W.H. Walsh, *Introduction to Philosophy of History*, "Can History be objective?" London, 1958.

5. J. Barzun et al, *The Modern Researcher*, "The Sister Disciplines" A Harbinger Book.

第二章　史料的蒐集

1. 傅斯年《傅孟真先生集》第二冊，中編丁，〈史料略論〉。（傅孟真先生集遺著編輯委員會）

2. 朱師轍《清史述聞》卷一，〈搜羅史料第二〉。（香港太平書局）

3.《文史通義》內篇，〈書教上、中、下〉〈答客問上、中、下〉。

4. H. Galbraith, *An Introduction to the Study of History*, Part I: 3, "Types of Materials", London, 1964.

第三章　史料的本身鑒定

1.《四庫全書總目》卷五十，史料六，別史類《契丹國志》條；又卷五十七，史部十三，傳記類一，《京口耆舊傳》條。

2. 余嘉錫《四庫提要辯證》序（藝文印書館影印民國二十六年本）；又卷五，《契丹國志》條，卷六，《京口耆舊傳》條。（藝文影印科學出版社本）

3.《胡適文存》，集四，〈陶弘景真誥考〉。（遠東重印本）

4. 王叔岷《斠讎學》第五章，〈方法〉。（中研院史語所）

5. *Encyclopedia Britannica*, Vol.22, " Textual Criticism", 1959 Ed.

第四章　史料的內容鑒定

1.《四庫提要辯證》卷三，《魏書》條。

2. 傅維鱗《明書》，〈敍傳〉。

3. 錢謙益《牧齋初學集》卷二十二，雜文二，〈致身錄考〉〈書致身錄考後〉。

4. 孟森《清朝前紀》，〈敍言〉〈滿洲名稱考〉。（商務印書館）

6. G.R. Elton (ed.), *Renaissance and Reformation*, III: 16, "Lorenzo Valla: On the Donation of Constantine" New York and London, 1963.

第五章　史料的解釋

1. 王引之《經傳釋詞》，〈序〉。

2. 顏師古《前漢書》〈敍例〉，王先謙〈補注序例〉。

3. 陳垣《通鑒胡注表微》，〈書法篇第二〉〈解釋篇第四〉〈避諱篇第五〉。（中華書局）

4. F. Stern (ed.), *The Varietis of History*, Part I: 11, "The Ethos of a Scientific Historian: Fustel de Coulanges", A Merdian Book.

5. R. Klibansky et al. (ed.), *Philosophy and History*, "The Philosophical Significance of Comparative Semantics"by H.J. Pas, A Harper Torchbook.

第六章　史事的總和

1.《史通》內篇卷三，〈表曆〉〈書志〉，又卷四，〈題目〉〈斷限〉〈編次〉。

2.《文史通義》內篇，〈釋通〉〈橫通〉〈申鄭〉。

3. H. Ausubel, *Historian and their Craft,* ch. VII, "The Philosophy and Science of History: Recent Years", New York, 1950.

4. F. Stern (ed.), *The Varietis of History*, Part II: 4, "Historicism and its Problems: Friedirch Meineche."

6. H. Meyerhoff (ed.), *The Philosophy of History in Our Time*, II: 7, "Arthur O. Lovejoy: Present Standpoints and Past History", A Doubleday Anchor Original.

第七章　歷史著作

1.《史通》內篇卷五，〈採撰〉〈載文〉，又卷六，〈言語〉〈浮詞〉〈敍事〉，又卷七，〈直書〉〈曲筆〉，又卷八，〈模擬〉〈書事〉〈人物〉。

2.《文史通義》內篇，〈書教下〉〈文德〉〈文理〉。

3. F. Stern (ed.), *The Varieties of History*, Part II: 1, "Clio Rediscovered: G.M. Trevelyan".

4. Barzun et al, *The Modern Researcher,* "The Arts of Quoting and Translatings" "The Rules of Citing: Footnotes and Bibliography".

第八章　史學源流

1. 顧頡剛《當代中國史學》（龍門書店重印本）。

2. G.P. Gooch, *History and Historians in the Nineteenth Century*, "Introduction", Second Ed, London, 1952.

3. G. Barraclough, *History in a Changing World, Norman*, Oklahoma, 1956.

二、參考書

- 劉知幾《史通》（清　浦起龍作《通釋》）。
- 章學誠《文史通義》。

- 梁啟超《中國歷史研究法》及《補編》。
- 陸懋德《史學方法大綱》（獨立出版社）。
- 許冠三《史學與史學方法》（龍門書店）。
- 金毓黻《中國史學史》（商務印書館）。
- 顧頡剛《中國當代史學》（龍門重印本）。
- 陳垣《通鑑胡注表微》（中華書局）。
- 張舜徽《廣校讎略》（中華書局）。
- 《四庫全書總目》史部。
- 余嘉錫《四庫提要辯證》史部。
- 王叔岷《斠讎學》（中央研究院歷史語言研究所）。
- E. Bernheim, *lehrbuch der Historischen Methode*, Leipzig, 1889.
  中譯《史學方法論》，譯者 陳韜（商務印書館）。

- Charles-Victor Langlois et Charles Seignobos, *Introduction aux études historiques*, Paris, 1898, 英譯 *Introduction to the Study of History*, 譯者 G.G. Berry, London and New York, 1898, 1966 重印.
  中譯《史學原論》，譯者 李思純（商務印書館）。

- G.J. Garraghan and J.Delanglez, *A Guide to Historical Method*, New York, 1946.

- H.C. Hockett, *The Critical Method in Historical Research and Writing*, New York, 1955.

- J. Barzun and H.F. Graff, *The Modern Researcher*, New York, 1957.

- F. Stern (ed.), *The Varieties of History*, A Merdian Book.

- R.G. Collingwood, *The Idea of History*, Oxford, 1946.

- H. Megerhoff (ed.), *The Philosophy of History in Our Time*, A Doubleday Anchor Original.

- R. Klibansky and H.J. Paton (ed.), *Philosophy and History*, A Harper Torchbook.

- H. Ausubel, *Historian and Their Craft*, New York, 1950.

整理後記

　　先師王德昭教授是一位教研並重的學者，每開設一科，都仔細撰寫講義，上課前認真準備。他任教的科目之中，"史學方法論"和"中西交通史"備受重視，此外有"西洋通史""文藝復興史"和"西洋現代史"，後期則講授"中國近代史""近代中國思想史""近代中外關係史"等。

　　這本《史學方法論》是根據王德昭教授的講義整理而成的，在恩師逝世後由師母王陳琬女士授意和囑咐。講義有新舊兩種，較早的一種以鋼筆直書在原稿紙上，相信撰於 1950 年代或 1960 年代初，應該是在台灣師範大學任教時使用的，內容較為簡單；而新的一種以鋼筆橫寫在單行紙上，內容較為詳細，亦多改動及增補之處，撰於 1960 年代中或後期，講義前面有史學方法論一科的"閱讀報告與參考書"（1968—1969 年度），應該是他在 1966 年到香港中文大學新亞書院歷史系任教時起新編的講稿。整理時根據新本，間亦參考了舊本。以下幾點是需要交代的：

　　第一，本書內容以王德昭教授的手稿為藍本，盡量按照原文錄寫，當中引用了大量西方學者的著作和見解，人名、書名及部分引文多採原文，難免有中英夾雜的句子，間亦有其他語文，本書均依原文照錄。

　　第二，講稿之中，間有注明"待補"或"未妥"字眼的地方，整理時予以刪除，以免引起混淆，刪除部分還包括正文外若干細節的說明。

第三，講稿中提到的人名和書名，有時只用簡寫，在清楚的情況下，整理時稍作補充，但盡量不增添內容或改寫句子，以免造成錯誤。

第四，"閱讀報告與參考書"中列有第八章〈史學源流〉，包括"中國史學源流（一）（二）""西方史學源流（一）（二）"及"史學的新趨勢"五節，但全章均不見於講稿，從略。

第五，為了文稿的工整及閱讀上的方便，整理時於編排格式及標點符號方面，作了統一表達，這是與原稿最不同之處。

總之，整理的原則是盡量保持原稿的內容，俾王德昭教授的宏富學識和精闢見解，得以充分地呈現在讀者面前。不過，由於手稿本身改動之處甚多，字體有時亦較潦草，加以年代久遠，以鋼筆書寫的墨水字已呈褪色，整理時遇到不少困難，難免會有一些疏漏，是要請讀者體諒的。

這份講義的整理工作，由於種種原因，延誤了多年，其間尹達明、林啟彥、陳萬雄等多位學兄曾給予幫助，或提供意見；另有幾位研究助理先後參與文稿抄寫和文字輸入等事務，在此一併致謝。

還需指出，根據講義整理的文稿，在表達上或與作者自撰有所不同，王德昭教授另有一些已發表的文章可供參考。本書內容如有未盡妥當的地方，應該是整理時欠周到，責任在我，希望日後重印時加以改善。

周佳榮　謹識

2023 年 7 月 15 日

香港浸會大學歷史系榮休教授

新亞研究所教務長及專任導師

附／錄

王德昭教授之生平事略

　　先夫王德昭，一九一四年三月十二日生於浙江省嘉興縣石佛寺鎮。排行第七，有四兄二姊。因家境清寒，勉全力僅能培植長兄習醫。惜其長兄於學成後正要行醫之時，患肺病咯血去世。德昭每憶當時父母親相擁痛哭之悽慘情景，總是悲歎不已！除兩姊在家助母料理家務外，諸兄皆以足十二歲即送出家門，學做生意。德昭自不例外，幼時在私塾略讀古文，插班到新式學堂五年級，以一年半讀畢小學。隨即送到一布店中當學徒。幸商家伙食尚豐厚，得使其童年健康成長。店東和經理等對德昭亦甚愛護，每晚在關店門之後，必令其讀書習字，使其學業不廢。但一般兒童所受之初中教育，德昭則無緣接受。

　　一九三〇年夏，杭州創辦了一所"浙江省立民眾教育實驗學校"，主旨是為培養一批專辦成人教育的人材，學制分專修和師範兩科。專修科，必須高中畢業始能投考；師範科則初中畢業或有同等學力者可以投考。兩者程度相等於普通專科學校及高中。德昭以同等學力考入該校師範科。該校學雜宿費全免，伙食費亦由縣府供給。但德昭未讀過初中，最初在學習上與一般同學相較，自有困難。德昭以異常之努力，急起直追，在第三年，已是班上英語及數理科最高分之學生。化學老師並請其在實驗室當助理。畢業以後，得校長尚仲衣博士的鼓勵和資助，赴北京投考大學。因而德昭之一生，受該校之影響至巨。對尚仲衣博士及其中多位老師教導扶掖之恩，更是永誌不忘。

按當時教育部之規定，凡師範科畢業學生，必需服務一年以上，始能投考國立大學。故德昭先在中法大學化學系肄業一年，然後於一九三四年夏再投考北京大學歷史系。學費及生活費，因無家庭的支持，歷盡艱困。為無錢買英文課本，有一位善心的同班同學趙春谷君（現在在雲南大學歷史系任教）在上課之前，必先送書來讓德昭念一遍，才同去上課。德昭平時常寫稿和翻譯文章，投寄報館或雜誌社以換取稿費來維持生活。德昭其時寫稿甚多，但日後從未提及自己以前的艱苦生活。只在他逝世前數月，為鄭天挺老師祝壽文中，才略述及在北大時之往事。琬草此文，亦僅以見他生平一二而已。

一九三七年八月，對日抗戰開始，德昭即返浙江家鄉，參加抗敵後援會工作。後聞北大清華以及南開三大學，合組臨時大學，在湖南長沙開課，即自家鄉輾轉至長沙就讀。課餘，曾為《火綫下》（三日刊）寫社論，後又為《觀察日報》寫社論任編輯。德昭日間需返學校上課，夜間復為報館工作，每日之睡眠時間，僅兩三小時而已。

不久，南京淪陷，長沙軍事形勢緊張，臨時大學決定西遷雲南昆明，成立西南聯合大學。部分師生各採用不同交通工具直赴昆明；德昭則參加學校所組織之步行團，由長沙經貴州省，步行至雲南昆明，完成其最後半年之大學學業。

大學畢業後，曾在貴州任中學教員兩年。一九四〇年秋，至重慶《益世報》任國際版編輯。後又至抗戰前綫河南葉縣任“三一出版社”社長兼辦《華中日報》。

一九四二年春，應國立貴州大學之聘，至貴陽花溪貴州大學歷史系任教，凡五年。其時著有《中原歸來》《戊戌政變》即《各國在華領事裁判權》等書。

一九四七年，應台灣師範大學之聘，至師大歷史系任教。其間著有《怎樣教歷史》《文藝復興》《國父革命思想研究》等書。譯著有《中國美術史導論》及《西洋思想史》。

一九五五年，德昭考取留美公費，至美國哈佛大學深造。哈佛大學原給予"訪問教授"之名義，但德昭自願繳費註冊，成為正式學生，以一年時間完成碩士學位，再恢復原有名義。因公費僅兩年，遂依約返師大授課。

一九六二年，德昭應新加坡南洋大學之聘，任教歷史系，半年後升任系主任，後又任文學院院長及校務行政委員等職。

一九六六年秋，應香港中文大學之聘，至香港中大歷史系任教。一九七二年任歷史系主任及中國文化研究所副主任。曾主編《中文大學學報》及《中國文化研究所學報》。並曾出任中大文學院院長。

自一九七七年退休以後，仍在中文大學中國文化研究所擔任高級研究員，指導研究院之學生攻讀高級學位及撰寫論文。

德昭一生，勤於攻讀及著述。在一九三六年初，已在《東方雜誌》及《時事類編》等發表文章。在大學任教近四十年，對學生之學業，無不盡心指導，關懷備至。待人忠摯誠懇，凡師友有所委託，必全力以赴，徹夜趕辦。原擬於完全退休之後，再以全副精神整理自己歷年之讀書札記、研究心得編印成書，作為對學術之貢獻。熟料天不假年，驟然棄世，未竟其志！

自三月中旬起，德昭稍感不適，但仍不眠不休，伏案工作。三月二十一日傍晚，正在整理其遺著《清代科舉制度研究》之校樣，突患腦溢血症，請醫生來家診視，僅數十分鐘，即陷於昏迷狀態，送至醫院，亦無法搶救！延至三月二十三日清晨，即與世長辭！

德昭病發之初，僅向我說：“這次好了以後，我一定會好好休息了”；這是表示我屢次勸他休息的一點悔意，但對他的甚多遺稿，卻未有一語交待。豈知上天已要這過於辛勞的人，從此永遠休息，永遠不再工作了！

王陳琬泣記
一九八二年五月

德昭師的為學與做人

前言

　　1969 年，初進香港中文大學新亞書院歷史系，我就選修了德昭師（1914 年至 1982 年）的"西洋現代史"。該課程原是高年班課程，我們一年班初唸歷史的，唸得相當吃力。不過，修過了這門課，不僅加深了我對歷史科的認識，增加了唸歷史的興趣，也開始傾慕德昭師的學問。

　　其後三年本科和二年的研究生，每學年都選修德昭師的一門課。德昭師是我在大學其間選課最多的一位老師。唸碩士班，德昭師更是我的指導教授。畢業後，無論身在本港或在外國，也一直與德昭師保持聯繫，在學問上得以繼續請益問難。我個人的學問，受益於德昭師為最多；而從事學術研究，也以德昭師的影響為最深。這是要對德昭師終身感激的。

　　十二年來的受業和過從，深感德昭師的為學做人，多可稱述。今倉猝草成此文，聊申對德昭師敬仰和感謝之情；文中如能發德昭師潛德之幽光，得沾溉後來者，誠喜出望外了！

認真而富啟發性的教學

德昭師自大學畢業後，除短暫時間從事文化工作外，在國內外大學任教凡四十多年，畢生貢獻於教育和學術研究。

德昭師自 1969 年任教於香港中文大學，以迄於退休，達十多年。退休後依然孜孜不倦，從事學術研究、著述，在報刊撰寫文章，弘揚文化，並積極參與學術會議和社會文化活動，活躍得很，不知老之將至。

德昭師的教學，素為學子所稱頌。他在歷史系任教期間，開設課程之多，當時歷史系諸老師中，似無出其右者。就個人所知，他開設過的課程有："中國近代史""中國近代思想史""中國近代中外關係史""西洋通史""西洋現代史""宗教改革與文藝復興""法國大革命""中西交通史""史學方法"等等。可謂中西俱備，專通兼顧了。德昭師開設這麼多門功課，不僅說明他的學貫中西；更重要的，表現了他對教育，具有高度的責任感。對教學，有深刻的認識和理念。他開始的科目，就自己學問所及，完全為了滿足學生的學習需要，完備系內基礎課程，充實學生學習根基。開設一門新課，準備一門新課，對大學老師來說，是相當吃力的，也會犧牲個人大量學術研究和撰述的精力和時間。如非對教育有高度的責任感，何能如此。平日言談間，德昭師時常強調，唸歷史的，知識面要廣，基本訓練要扎實。為了學生，他身體力行，為教學付出了大量的心力。這種教育理念和負責精神，比對一些專就自己研究之便，不理會歷史學習的知識結構和基本訓練需要，課程偏狹；或年復一年，重複着相同的一、二門功課的執教者，真不可同日而語。

德昭師開設課程雖多，但內容質素極高，充實而富啟發性，此乃受業者所共知。其講授筆記向為學生珍視，可見一斑。

德昭師每在學期初，必印發一課程大綱。大綱詳細而具體。難得的是，這課程大綱並不是虛應故事，學年終，準能按原訂大綱完成課程。德昭師授課，從不跑野馬，甚少講題外話。一字一句，都本自己精心准備的講義去講授。不過其講授形式與照唸講義如儀者迥異。講授時，德昭師的講義攤在面前，大部分時間卻是望着學生，聲調鏗鏘，附以輕輕的手勢，別具風采。講授時談吐接近文體化，分析評論史事時，遣詞用字尤見講究。從黑板的兩邊向中間，依着講授進程，整整齊齊地寫上難得聽懂的中、英文字句。一切都是那麼認真，那麼有條理。這種完全沒有插科打諢而又緊湊的講授形式，兩個鐘點的課，對我們來說也相當疲累，但不會沉悶，課後卻感到異常的充實。

德昭師這種充實而認真的講授形式，是要付出驚人的心力的。他的博覽群書和精心的準備，從講授內容，我們還可以感受到。但他授課前備課的認真，學生知的不多。在研究院，我兼任德昭師助教，對他授課情況有進一步的了解。原來在課前的一晚和上課前，德昭師都要花一兩個小時，細心閱讀自己已精心備好的講義。有了這兩次准備，德昭師上課時便能出口成誦。這也令我憶起有次德昭師忘了帶講義到課堂，依然能如往常般，從容不迫地完成那兩節課，而且講授依舊那麼有條理，吐詞遣句依然那麼富於文采的事來。德昭師這種授課形式，用意在於有限的時間內，使學生得到最大的收益。

德昭師極注重課程的完整和有系統。講義內容雖非全是他的創獲，但他能善用中外學者的研究成果，綜合整理，再貫穿自己的裁識，自成系統，極富啟發性。這樣的講義，作為知識的接受或日後研究的準備，基礎是穩固的，訓練是扎實的。另外，德昭師每重開某門功課，必定大幅度增加新材料。這種嚴肅負責的教育態度，真是難能可貴。

博大而有光輝的史學研究

德昭師生前曾撰文壽其師鄭天挺先生。文中道及自己的治學，說自己是"雜家"。這樣說固然一部分屬實，主要還是出於自謙。德昭師治史別具氣魄，另有規模。壽鄭天挺先生文中，即透露心聲，說："我的治學之雜，其原先也有一種奢望在乎其間，只是力不從心，事與願違，以至垂老無所成。"文內雖未透露"奢望"所在，不過，德昭師的治史，顯然自始則大有規模，以求畢生以竟全功。

個人受業德昭師多年，初期對他的治學規模，不甚了解。僅從德昭師的治史中西兼備，古今兼顧，而認識到他的學識淵博，不以皓首窮一經為能事，如此而已。其後才領悟德昭師的治史規模和氣魄遠過於此。1977年德昭師退休，始從教學與行政兩忙中脫身，專心致志於學術研究和著作。從他晚年的著述中，不難窺睹德昭師的學問有"百川歸流"的姿勢。為學生者正額手稱慶，願早睹其大成之際，奈何中道棄世，未竟全功。天意如此，嗟可歎息。要不然以德昭師浸淫中西史學數十年的功力，俾以時間，必能完成其生平治史宿願。

不過，德昭師生前豐碩的研究成果，已為中國學術界作出了大貢獻，從中也不難見到其治史"奢望"所在。

關於德昭師治史的規模和氣魄，郭少棠兄在〈王德昭師治史的規模〉一文中，有一相當概括的說明。他說德昭師實在是一個感受到中國近代面臨幾千年未有的巨變的知識分子的代表，持着開放和冷靜的態度，全面而客觀地去了解中西文化，使國人真正體會近代世界歷史的發展，以及認識中華民族所處的新局面。所以表現在治學上，其途徑是試圖比較中西史和以世界歷史的演變大勢去觀照國史的發展。關於德昭師在著作上所表現的這方面成就，郭文已有論述，茲不再贅。

根據不完全的統計，德昭師生前學術著作，單行本有七本，論文五十六篇，數量固然不少，而內容所涉，遍及古今中外的史學。要作歸納，德昭師的著述主要在三個方面：一、明清和近代史；二、史學思想和理論；三、希望近代思想史。其間貫穿着一條比較和匯通中西歷史的大脈絡。從《伏爾泰的中國孤兒》《戰國時代與文藝復興》《馬基雅弗里與韓非思想的異同》，以至晚年力作《從世界史看本國史》等著述，充分顯現了他的比較和匯通中西史的治史氣魄和規模。

即使從德昭師的一些關於中國史的論述，也可充分顯現他深厚的中西學養和匯通中西史學的用心。德昭師 1962 年出版的《國父革命思想研究》（台北：中國文化研究所）是一本博大精深之作。此書取精用宏，不僅系統而深入地論述了孫中山的革命活動及其思想發展的歷程，更值得註意的，是書內剖析了孫中山革命思想中繼承於傳統，吸收自西方和出於自己創造的三個思想來源，追本溯源，深切著明。從這方面考察孫中山先生的思想，至今尚無人能及。其成就也備受中外學界所重視。又如德昭師未得見其出版的遺著《清代科舉制度研究》（香港：中文大學出版社，1982 年）一書中，處處可見其要匯通中西歷史的意圖。茲引一段作證：

此外尚有一事甚可注意者，即當中國因西潮迫來與新時勢的需要而不得不改變傳統的學校與科舉制度之時，西方以法國與英國為首，卻為公開政府職位與鼓勵人才自由競爭起見，而開始實行文官考試考試制度。公元第十七、八世紀入華耶穌會士有關中國科舉考試制度的報導，與十八世紀法國啟蒙思想家（The philosophes）及重農學派思想家（The physiocrates）對於中國科舉考試制度的頌揚，使學者大體相信，法國初行於 1791 年，十年後停罷，其後於 1840 年代恢復的文官考試制度，乃取法於中國的先例。英國則因東印度公司因在廣州的公司人員的建議，先在英國設立學校（1806 年），訓練行政人員，經考試後派往英領印度任職。英國有識人士如亞當‧斯密（Adam Smith）與邊沁（Jeremy Bentham），與法國啟蒙思想家及重農學派思想家也時有往來，而邊沁則為首倡在英國建立公開考試制度的一人。十九世紀前半來華的一位英國譯員梅篤士（Thomas Taylor Meadows）更著書立說，明白以中國的科舉考試制度為範例，主張在英國實行公開競爭考試，以改善英國的行政組織。所以英國於公元 1855 年開始建立的文官考試制度，其曾受中國科舉考試制度的影響，尤其顯見。中國於民國二十年（1931 年）起實行公務人員高、普考與高、普考檢定考試制度，就其以考試取士而言，也可謂科舉制度的重演。惟在舊科舉制度下學校所肄習者為科舉之學，而新公務人員考試所考試者為學校之學。即此也可見教育與考試制度之隨時勢的變化而改革興廢之故了。

德昭師治史的一個重要特點是從大處着眼，由要處入手。就以他的中國近代史方面的著述為例。如《同治新政考》《國父革命思想研究》《知識分子與辛亥革命》《論甲午援韓》《黃遵憲與梁啟超》《譚嗣同與晚清政治活動》以至晚年關於五四和國共合作的論述，都是歷史上關鍵性的問題。德昭師著作固不喜夸夸其談，也無心於餖飣考證，全以綜合和分析見長。德昭師這種知識態度和觀點，早在1942年出版的《明季之政治與社會》一書的前言中他已宣示明白。他認為：

> 有一個時候，人們曾經非議過史學界專注考據的風氣，認為這種風氣每會使史學者對史事的認識叢積破碎，因而違反史學本身所應具的經世致用的價值。不過接着而來的卻是一陣無力的空潮，若干取巧的、大言的、公式主義的著作，風行了一時，接着又消沉了下去。……
>
> 本來歷史的發展既然是一個歷程，我們對史事就也應該用一種對於歷程的看法，來加以觀察。我們觀察一條道路的延伸，如果我們需要得到關於這條道路的全部知識，第一我們就必須要知其"然"，方向的遵循，地勢的崇卑，景物的取捨，基面的構築，乃至沿路的設施等等，都是應該知道的條件。然後我們再進而求其"所以然"，就是從各種相重的關係上，探索出所以如此的理由。不知前者而想追尋後者，其結果只能出諸憑空的虛構；僅知前者而不知探索後者，則其勢將永不能透悟其中的道理，而其所得也只能限於路工的片段知識，不能往觀全局。這兩種看法，前者是考證的，記錄的，敘述的；而後者則是哲學的，原理的，或所謂史觀的。

這段話寫在六十年前，用之以審視當前史學研究，仍能切中時弊，擲地有聲，足可令史學界反省。

另外，讀德昭師的學術著作，不難感覺到有一種強烈的愛國思想與為中國前途探索的致用之意。在德昭師逝世十周年，時我主持香港商務印書館，我們委托同班同學周佳榮教授，收集他的散篇論著，以《歷史哲學與中西文化》（香港，1992年12月）為題，結集出版。既作紀念，亦不無要彰顯他匯通中西歷史，以探索中國前景的用心。即使他講西方的《史學方法》，內中也常引用中國的材料互證和說明。少所許人的牟師潤孫先生，就不止一次在我面前讚賞德昭師的為學之勤和學問之廣博，並說，他想不到專治中國近代史和西洋史的德昭師，對卷帙浩繁的《四庫全書提要》也能下過如此功夫。他不少論文則旨在糾正一些中外史家對中國歷史所持的偏執觀點，對別有用心的觀點，他揭之挑之，不稍假借。不過其愛國思想卻不遮掩其論述史事的客觀和平實，全以理服人。

平心而論，德昭師的學術著作不大容易唸，有三方面造成的：其行文謹慎，用字講究，極慳筆墨，言簡而意賅；另外，他喜歡通過史事本身的排比去說明問題，但主要還在他的文章包攝廣而用意深。他的《國父革命思想研究》不啻是一本近代思想史；他的《清代科舉制度研究》也不啻是一本清代思想史。德昭師的著作所涉，雖遍及古今中外，但其研究方向主要仍在思想史，尤以思潮史為最擅長。

嚴以律己、寬以待人

十二年間的親炙，德昭師的勤奮、謙虛、認真和待人誠懇的態度，都給我留下了深刻的印象。

　　德昭師一生所受教育，路途相當曲折，終歸學有所成。到其任教於大學，教學而外，由於他富有才幹，一直以來都擔當繁重的行政工作。但一生依然能撰寫出大量有分量的學術論著，全有賴他過人的勤奮和精力。據師母說，德昭師病發的頭一句話也是最後的一句遺言，是"康復後我真要好好休息一下"。德昭師一生是過勞的，少所娛樂。德昭師曾告訴過我，有一位在香港挺有名的報人以喜收藏見稱，到他家做客，環顧四壁，不見多掛名人書畫，遂現輕視之容，並以此為詢。德昭師對我說，他一生奔波勞碌，少所開遐，何況家累深重，生計不遑，何敢沾手名家書畫。其實德昭師編譯過美術著作，不難窺其在這方面的興趣與認識。逝世前的德昭師，雖云退休，但仍孜孜不倦，以研究和撰述為事。既要為他的中國史論文集的幾篇英文稿翻譯成中文；又要校對《清代科舉制度研究》；更要為香港著名英文報刊撰寫連載的世界史講座，等等。甚至忙得一邊吃飯一邊改稿子。德昭師即曾告訴我，說他習慣晚上睡下床後，思量和推敲日間寫作上的遣詞造句。他說日間太忙了，干擾又多，心神不那麼平靜，寫東西時總覺用字難得愜意。晚上睡前的寧靜，最好利用，云云。牟潤孫師對我說過，在沙田中大宿舍，他跟德昭師是同一棟，比他高一層。每每他清晨一、二時小醒，往露台下望，見德昭師書房仍亮着燈。由此可見德昭師勤奮的程度。"要好好休息一下"這句遺言，是從不肯一息懈怠，辛勞一生的德昭師的心底語。這句話也概括了德昭師為教育、為學術、為探索中國前途而鞠躬盡瘁的一生。可惜德昭師此生無法再過些優遊林下的晚年生活了。終其生為國家、為教育、為學術而竭盡心力，或者這是求仁得仁吧。日後的幾十年，德昭師的勤奮，一直是我的榜樣。

德昭師為人極謙遜，向來樂道人之善，卻甚少貶損他人。說話做事，很能從人家的立場去設想。讀書人尤其學術界，易犯自以為是，好同惡異，妄肆褒貶的毛病。德昭師卻無此種毛病，從他身上，就體現了傳統理想讀書人"嚴以利己，寬以待人"的德性。況且，德昭師不尚空談，註重實幹，自已也是默默地工作。國內一位學者即曾對我說，謂德昭師是他交接海外中國學者中，最具有溫厚風範的一位讀書人。不過德昭師做人其實是外圓內方，每遇原則性問題，卻很有棱角的。

舉兩樁事可概括其餘：香港中文大學欲購下香港友聯研究所關於中國內地的各種剪報，聽廣播摘錄及相關各種材料的檔案。時哈佛（或哈佛燕京學社）願出資香港中文大學。此事由德昭師主其事，但資金提供方的條件要求中大以後繼續收聽收集中國內地資料情報，德昭師因此而斷然拒絕，至事不成。其次，中國內地開放初期，德昭師回北京訪問，主辦單位舉辦藝術欣賞會，德昭師邀請的親友，因是右派分子，被拒絕乘專車前往。德昭師遂與親友一同步行到會場。

德昭師樂於助人，愛護學生。就個人經驗，無論向他請教，找他談天或求他幫忙，從未被拒絕過。他真沒空時，也用徵求意見的語氣，商量改改時間而已。要他幫忙的，準能按所允所得妥妥當當的，時常做得超出你要求之外。學生稍有所表現，鼓勵有加；犯了過失，從不見他疾言厲色，仍是和藹可親地、平心靜氣地指點幾句。唸研究院時，兼任德昭師的助教。其間，德昭師不僅不給你幹分外之事，反而凡事親力親為、盡量減少你的工作。有時過意不去，我主動要求多為他做點工作，德昭師總是說："好好做你的論文"。所以在研究院的兩年間，能完成一篇像樣的論文，德昭師的照拂很是重要。後來論文獲校方通過出版，序中我寫了兩句簡單道謝他的話，看後他對我說：“多謝您的稱讚，其實你的論文是我最不用費心的。”實際上，我的論文，德昭師一字一句，甚至一個個標點的給我細心修改過。德昭師這種謙虛而獎掖他人的態度，相信很多同學都感受過，不獨我而然。

陳萬雄

從《明季之政治與社會》到《清代科舉制度研究》
——我所認識的王德昭師

　　王德昭師在世時，我雖常有機會親炙他老人家的教誨，衷心領會到他學識的淵博和治學的勤奮，但畢竟對老師的學問還缺乏比較通盤的認識，接觸面只局限於個人研讀興趣所在的中國近代史方面。老師逝世後，我為了出版老師的紀念文集，和協助整理老師的遺稿，常與幾位學兄聚首，大家交換學習心得，因而對以前疏忽的也多知一二，愈益感佩老師治史規模的宏大。不過，從此只能在老師的著作和課堂筆記中探求了。

　　我在中文大學歷史系和研究院就讀時，每年都習修德昭師所講授的科目。一九六九年入學之初，必修的"西洋文化史"停開，所以選了德昭師的"西洋現代史"。上了兩星期課，還未能習慣老師的浙江口音，自己的西洋史根底又不好，聽書頗感困難；而且班上一至四年級同學都有，競爭大，學習起來更覺吃力。於是向學長借了一份往年的筆記，先抄寫一遍，上課時一面聽講，一面看着筆記，並加以補充。大約過了兩個月，才可以自己錄寫比較完整的筆記，但這一科的成績始終不大理想。那時我還在圖書館借了老師譯布林頓《西洋思想史》（一九六三年），開始仔細閱讀，對於摸索老師的治史方法，有相當的啟發性。

以後幾年，依次修習德昭師的"中國近代史""中國近代思想史""近代中外關係史"及"中國近代史研究"，老師這方面的論文，都儘可能找來參考。《國父革命思想研究》（一九六二年）一書，是老師極為用力的精湛之作，以孫中山研究為脈絡，貫穿了他對中國近代史發展的看法。廣徵博引，言簡意賅，對一個剛踏足學術之林的歷史系學生來說，是不容易通讀的。有時一段文字要反覆看兩、三遍，才可理會其精到之處。這些年來，大概全書讀過不下十次了，而且每次都有新的收穫，可以肯定是我閱讀次數最多的一種史學著作。我對《蘇報》和"蘇報案"的研究興趣，便是直接間接從這書的得到啟發的。如果我在近代史方面能有些少成績的話，老師此書應該是一塊基石。

大學三、四年級時，為了加深對近代史的認識，有一個時期頗集中於學習明代歷史。既標點《明史》，又蒐集近人著作。偶然在一本英文專著的參考書目中，發現四〇年代有署名王德昭著的《明季之政治與社會》，但找遍圖書館都無法查到，一時不能確定是否老師的著作，因為老師只在思想史課偶爾涉及明代史事，又不曾聽他提過此書，心想可能同名同姓，另有其人吧。當時沒有追問下去，但仍念念不忘。

直到我從日本留學回港後，大約是一九八〇年左右，已忘掉是甚麼性質的聚會了，只記得陳萬雄兄也在場，我始向德昭師問個究竟。老師笑着說："此書已很少人提了，你怎麼知道的？"我回答在英文書中看到。老師接着縷述了當年的情景，大意說，此書出版不久，郭沫若發表《甲申三百年祭》，大受矚目，其實兩者在內容上、論點上是有相若之處的。我問為甚麼不重印出來，他說事隔多年，時代不同了，沒有這個打算。當下我對這書頗好奇，很想一睹為快，便問可否借來影印一份。老師答應了，數天後我到他的辦公室去，他就把一本綠色精裝的小書交給我，並吩咐切勿遺失，除了這冊外，只在美國的圖書館見過一冊。我小心翼翼地翻開來看，發覺紙質粗糙，印刷也很壞，不過，錯漏之處都用鋼筆改正了。

《明季之政治與社會》由重慶獨立出版社於一九四二年十二月出版，約三萬字，分六章，即：(一) 中國歷史上災荒"流寇"之謎；(二) 明季人民生活之困苦；(三)"流寇"之起；(四) 明季士大夫之腐敗；(五) 明季國家結構之解體；(六)"流寇"之敗滅。《前引》指出這本小冊子的內容是關於一代衰亂的研究，"作者的初意在想探索明季這一段歷史的各方面，藉以找出其間的關鍵，以說明明代召致衰亂的主要原因。"接着闡述書中幾個主要的看法：第一，在流寇起事之先，明代社會的內部早已開始崩解；崩解的起點是農民的貧困和地主的貪婪腐敗，而後兩者又造成於當時的社會組織。第二，地主的貪婪和腐敗，泯滅了當時的政治社會中領導成分的遠見和卓識，阻礙了改革的遂行。第三，"流寇"自身最後也沒有得到勝利，他們缺乏健全的政治意識，因此散漫，沒有理想；領導者的背叛，意志的動搖，紀律的缺乏，組織的散漫，使他們到達勝利的頂端時，同時也到達了潰滅的起點。

"明代是在內亂外患的交迫中覆亡的，不過它的外患之所以加劇，還是因為內衰。對於外患，一個國家既不能自求避免，實際外患亦不能構成覆亡的主因；只有內部的衰亂相尋，才必然動搖國本，終至召致滅亡。"在八年對日抗戰期間，這番說話的意義是不難想見的。

〈尾言〉中一再強調明季社會衰敝之極，"當時的若干現象真使人怵目驚心了，而且有幾點我們最應痌然於懷。第一，舊的社會組織實在是歷史進步的桎梏。地主的脫離生產，和土地耕種的零星分割，一面是社會貧困的本源，同時更使政治、經濟、文化各方面，都停止不進，以致坐待天災人禍的擺佈。第二，固步自封是人類品性中最下劣的一種。……第三，社會實際是整個的，相互的調協，要比個別的自肥有利得多。……第四，人類較易為現實的幻景所眩惑，一個當局者常難以透視時局的真相，了解處境的危殆。許多歷史的錯誤，一旦大廈傾覆時，就全部同歸於盡。"甚至進而指出："舊的社會組織，有大部分還遺留到現在。因而假若我們要為明季乃至當代社會擬具一個開展的方案，則土地集中所有和分割耕種的傳統，應該首先改革。我們應該設法使土地在'耕種方法'上併合起來，而且要把更多的'知識'和'能力'從仕祿的競爭中提取出來，轉用到實用的有生產價值的各方面去。因為這是使社會進步，國家積累，減輕農村貧窮，和防治天災的唯一的途徑。"

此書現時已難得一見，所以引錄較詳。一位年青學者對歷史的熱誠和對現實的關懷，從這些語句中充分地表達了出來。德昭師一九三八年畢業於北京大學史學系，此書動筆，據〈前引〉說，遠在出版的四年以前，"其間因為議論的斟酌，曾經幾次易稿"；可以想見，老師在大學畢業後，即從事撰寫此書了。在此之前，老師已發表過若干論文，單行本則應該是第一種。

一九七七年德昭師從中文大學歷史系退休後，續留中國文化研究所專注研究工作。除了撰寫有關孫中山晚年思想、黃遵憲與《日本國志》、秦力山與清季革命等論文外，還有一個清代科舉制度的研究計劃。在這幾年間，老師經常提起研究的概況和一些主要的論點。科舉考試是隋唐以降歷代政府登進人才和民間社會地位升降的一條重要途徑，關係一代的制度以至政治、教育、文化各方面。因此，德昭師的研究計劃遂從原來的一個專題拓展為五個，即（一）明清制度的遞變；（二）清代的科舉入仕與政府；（三）科舉制度下的教育；（四）科舉制度下的民風與世習；（五）新時勢、新教育與科舉制度的廢止，加上〈弁言與史料舉隅〉，共約二十萬言，合為《清代科舉制度研究》，交中文大學出版社印行。一九八二年二月，老師為此書寫了一篇〈後記〉，但三月二十三日，他就與世長辭了。王師母陳琬女士在〈補記〉中說，"即本書之校樣亦未能畢功"。

　　數月後，德昭師晚年這一心血之作才與讀者見面。學界有關清代科舉制度的著述不少，而每措意與制度本身的因革損益，老師此書尚於其他有關方面多所澄清，以究明其歷史意義及其所生的政治社會影響。雖以專題論文形式出之，各自獨立成篇，而清代思想的發展，亦可得一清晰的脈絡。老師晚年講授近代中國思想史，對晚清時期的主要看法，已融鑄於此書的字裏行間，從根本處闡明一代制度的存廢。

　　《明季之政治與社會》是德昭師出版的第一本書，《清代科舉制度研究》是他的最後遺著，前後相距恰四十年。這段漫長的歲月，正是老師在學術研究上所經歷的旅程。如據此以為，德昭師治學始自明季，而結束於清代，則未免所見太少；毋寧說，這是一位潛心歷史研究而又關懷現實社會的學者，在中國自明末以來的歷史經驗中，為探求國家民族的出路所作出的努力。《明季之政治與社會》〈前引〉就有這樣的幾句話："用史事比擬現實，有時確也危險不過。……不過史事既然是已成事實，一件已成事實，假若我們能辨明它的原委，剖析它的因果，總多少可以引為現實的借鑒。"史學與現實的關係，莫過於此。

　　德昭師於西洋史方面曾多所用心，而尤擅長於中西交通史；

表面看來，似與明清史事關係不大，實則明清兩代與前此各代不同
的一大特點，為中西文化之交流，其勢至今仍浩蕩不已，不徹底明
了西方歷史文化的背景及中西關係，必然無法在對本國史的認識上
有所突破，作出充分的究明。一九七八年間，老師在《大公報在港
復刊卅週年紀念文集》（下卷）發表〈從世界史看中國史〉，指出一
個新的研究中國歷史的角度。他本身雖不曾言明"從世界史看中國
史"為一生的研究鵠的，而無可置疑，這是德昭師對中國史學的一
大貢獻。

周佳榮